LES
AUTEURS LATINS

EXPLIQUÉS D'APRÈS UNE MÉTHODE NOUVELLE

PAR DEUX TRADUCTIONS FRANÇAISES

L'UNE LITTÉRALE ET JUXTALINÉAIRE PRÉSENTANT LE MOT A MOT FRANÇAIS
EN REGARD DES MOTS LATINS CORRESPONDANTS
L'AUTRE CORRECTE ET PRÉCÉDÉE DU TEXTE LATIN

avec des sommaires et des notes

PAR UNE SOCIÉTÉ DE PROFESSEURS

ET DE LATINISTES

VIRGILE

—

LE VIIIe LIVRE DE L'ÉNÉIDE

EXPLIQUÉ LITTÉRALEMENT
PAR M. SOMMER

TRADUIT EN FRANÇAIS ET ANNOTÉ
PAR M. A. DESPORTES

PARIS

LIBRAIRIE DE L. HACHETTE ET Cie

RUE PIERRE-SARRAZIN, No 14
(Près de l'École de médecine)

—

LES

AUTEURS LATINS

EXPLIQUÉS D'APRÈS UNE MÉTHODE NOUVELLE

PAR DEUX TRADUCTIONS FRANÇAISES

Ce livre a été expliqué littéralement par M. Sommer, agrégé des classes supérieures, docteur ès lettres, traduit en français et annoté par M. Aug. Desportes.

Typographie de Ch. Lahure et Cⁱᵉ, rues de Fleurus, 9, et de l'Ouest, 21.

LES
AUTEURS LATINS

EXPLIQUÉS D'APRÈS UNE MÉTHODE NOUVELLE

PAR DEUX TRADUCTIONS FRANÇAISES

L'UNE LITTÉRALE ET JUXTALINÉAIRE PRÉSENTANT LE MOT A MOT FRANÇAIS
EN REGARD DES MOTS LATINS CORRESPONDANTS
L'AUTRE CORRECTE ET PRÉCÉDÉE DU TEXTE LATIN

avec des sommaires et des notes

PAR UNE SOCIÉTÉ DE PROFESSEURS

ET DE LATINISTES

VIRGILE

HUITIÈME LIVRE DE L'ÉNÉIDE

PARIS

LIBRAIRIE DE L. HACHETTE ET Cie

RUE PIERRE-SARRAZIN, Nº 14

(Près de l'École de médecine)

1862
1861

AVIS

RELATIF A LA TRADUCTION JUXTALINÉAIRE.

On a réuni par des traits, dans la traduction juxtalinéaire, les mots français qui traduisent un seul mot latin.

On a imprimé en *italiques* les mots qu'il était nécessaire d'ajouter pour rendre intelligible la traduction littérale, et qui n'avaient pas leur équivalent dans le latin.

Enfin, les mots placés entre parenthèses dans le français doivent être considérés comme une seconde explication, plus intelligible que la version littérale.

ARGUMENT ANALYTIQUE.

Turnus arbore l'étendard de la guerre sur la citadelle de Laurente et appelle à son secours les villes du Latium et des pays voisins ; il envoie Vénulus à Diomède pour l'engager à entrer dans la ligue des peuples latins contre les Troyens, vers 1-17. — Averti en songe par le dieu du Tibre, Énée, de son côté, va demander l'alliance d'Évandre, qui avait quitté l'Arcadie et s'était établi sur le mont Palatin, 26-101. — Évandre accueille Énée avec bienveillance, lui raconte l'origine et les rites du sacrifice qu'il célébrait alors en l'honneur d'Hercule, et la victoire que ce héros remporta sur le brigand Cacus, fils de Vulcain, 152-267. — Énée parcourt avec son hôte les lieux les plus célèbres de la contrée, 310-368. — Vénus demande à Vulcain des armes pour son fils, et Vulcain s'empresse de répondre aux désirs de son épouse, 370-453. — Évandre engage Énée à aller se mettre à la tête des Tyrrhéniens, qui, ayant chassé leur roi Mézence, le poursuivent à main armée et n'attendent qu'un général; il lui donne, pour l'accompagner, son fils Pallas, à qui le vieillard adresse de tendres adieux, 454-584. — Vénus apparaît à Énée et lui présente les armes célestes que Vulcain a fabriquées à sa prière, 606-616. — Vulcain avait gravé sur le bouclier l'histoire des Albains, depuis Ascagne jusqu'à Romulus, et celle de Rome depuis Romulus jusqu'à César Auguste. Le poëte s'étend avec complaisance sur les événements mémorables qui devaient précéder et accompagner le règne d'Auguste. Il décrit les victoires de ce prince et particulièrement la bataille d'Actium, qui lui livre l'empire romain. Tous ces faits, gravés sur le bouclier, sont admirés d'Énée, qui se revêt de ces armes divines, 626-731.

Æ N E I S.

LIBER VIII.

Ut belli signum Laurenti Turnus ab arce
Extulit, et rauco strepuerunt cornua cantu,
Utque acres concussit equos, utque impulit arma,
Extemplo turbati animi; simul omne tumultu
Conjurat trepido Latium, sævitque juventus   5
Effera. Ductores primi, Messapus et Ufens,
Contemtorque deum Mezentius, undique cogunt
Auxilia, et latos vastant cultoribus agros.
Mittitur et magni Venulus Diomedis ad urbem,
Qui petat auxilium, et Latio consistere Teucros,   10
Advectum Ænean classi, victosque Penates
Inferre, et fatis regem se dicere posci,
Edoceat, multasque viro se adjungere gentes
Dardanio, et late Latio increbrescere nomen :

Dès que Turnus, du haut de la citadelle de Laurente, eut déployé l'étendard de la guerre, et qu'eut retenti la trompette aux rauques accents; dès qu'il eut secoué les rênes de ses coursiers ardents, et brandi ses armes terribles, soudain tous les cœurs furent émus : le Latium entier se soulève, s'agite en tumulte, et la bouillante jeunesse éclate en transports belliqueux. Les premiers chefs, Messape, Ufens et Mézence, le contempteur des dieux, rassemblent de tous côtés des soldats et dépeuplent au loin les campagnes de laboureurs. En même temps, Vénulus est envoyé vers le grand Diomède pour lui demander du secours, et lui annoncer que les Troyens sont dans le Latium; qu'Enée vient d'y aborder avec une flotte; qu'il prétend y établir ses Pénates vaincus, et qu'il se dit le roi que les destins y appellent; que plusieurs peuples se joignent déjà à ce descendant de Dardanus, et que son nom commence à se répandre

ÉNÉIDE.

LIVRE VIII.

Ut Turnus
extulit signum belli
ab arce Laurenti,
et cornua strepuerunt
cantu rauco,
utque concussit
equos acres,
utque impulit arma,
extemplo animi turbati;
omne Latium simul
conjurat tumultu trepido,
juventusque effera
sævit.
Primi ductores,
Messapus et Ufens,
Mezentiusque
contemtor deum,
cogunt undique
auxilia,
et vastant cultoribus
latos agros.
Venulus et mittitur
ad urbem magni Diomedis,
qui petat
auxilium,
et edoceat,
Teucros consistere Latio,
Ænean advectum classi,
inferreque Penates victos,
et dicere
se posci regem
fatis,
multasque gentes
se adjungere
viro Dardanio,
et nomen increbrescere late
Latio :

Dès que Turnus
eut élevé le drapeau de la guerre
de la citadelle Laurentine,
et *que* les trompettes eurent retenti
avec un chant rauque,
et dès qu'il eut secoué
ses chevaux vifs,
et dès qu'il eut agité *ses* armes,
aussitôt les esprits *sont* troublés ;
tout le Latium à la fois
se ligue avec un tumulte empressé,
et la jeunesse transportée
se déchaîne.
Les premiers chefs
Messapus et Ufens,
et Mézence
le contempteur des dieux,
rassemblent de tous côtés
des secours,
et dépeuplent de cultivateurs
les vastes campagnes.
Vénule est envoyé aussi
à la ville du grand Diomède,
qui demande (pour lui demander)
du secours,
et *lui* apprenne (pour lui apprendre)
les Troyens s'arrêter dans le Latium,
Énée *avoir été* apporté sur une flotte,
et introduire *ses* Pénates vaincus,
et dire
lui être demandé *pour* roi
par les destins,
et de nombreuses nations
s'adjoindre
à l'homme Dardanien,
et *son* nom se répandre au loin
dans le Latium :

Quid struat his cœptis, quem, si fortuna sequatur,   15
Eventum pugnæ cupiat, manifestius ipsi
Quam Turno regi, aut regi apparere Latino.

   Talia per Latium : quæ Laomedontius heros
Cuncta videns, magno curarum fluctuat æstu,
Atque animum¹ nunc huc celerem, nunc dividit illuc,   20
In partesque rapit varias, perque omnia versat.
Sicut aquæ tremulum labris² ubi lumen ahenis,
Sole repercussum aut radiantis imagine lunæ,
Omnia pervolitat late loca, jamque sub auras
Erigitur, summique ferit laquearia tecti.   25

   Nox erat, et terras animalia fessa per omnes,
Alituum pecudumque genus sopor altus habebat;
Quum pater in ripa gelidique sub ætheris axe
Æneas, tristi turbatus pectora bello,
Procubuit, seramque dedit per membra quietem.   30
Huic deus ipse loci, fluvio Tiberinus amœno,
Populeas inter senior se attollere frondes
Visus : eum tenuis glauco velabat amictu

au loin dans le Latium. Que prépare-t-il par ces commencements? Qu'espère-t-il des combats, si la fortune le seconde? C'est ce que Diomède doit voir plus clairement que Turnus et que le roi des Latins.

   Tel est l'état du Latium. Témoin de tous ces mouvements, le héros issu de Laomédon, rêve abîmé dans la perplexité de ses pensées; son esprit incertain se partage rapidement entre mille desseins contraires, est emporté deçà et delà, et flotte irrésolu sans pouvoir se fixer. Tels, réfléchis de la surface tremblante de l'onde agitée dans un vase d'airain, rejaillissent les rayons du soleil ou de la lune : leur flottante image voltige au loin dans tous les sens, s'élance dans les airs, et frappe tour à tour les murs et les lambris.

   Il était nuit, et tous les êtres qui respirent sur la terre ou dans les airs, ensevelis dans un profond sommeil, se délassaient de leurs fatigues, lorsque le chef des Troyens, qu'assiégent les sombres images d'une guerre imminente, se coucha sur le rivage, sans autre abri que la voûte des cieux, et donna enfin à ses membres un tardif repos. Alors le dieu même de ces lieux, le Tibre aux ondes fortunées, lui sembla, à travers le feuillage des peupliers de la rive, se lever devant lui sous les traits augustes d'un vieillard. Un diaphane tissu de lin

quid struat his cœptis,	ce qu'il machine par ces commencements,
quem eventum pugnæ	quelle issue du combat
cupiat,	il désire,
si fortuna sequatur,	si la fortune suit (est favorable),
apparere	*il devait dire cela* apparaître
manifestius ipsi	plus clairement à lui-même (à Diomède)
quam regi Turno,	qu'au roi Turnus,
aut regi Latino.	ou au roi Latinus.
Talia	De telles choses *se passaient*
per Latium :	dans le Latium :
quæ cuncta videns	lesquelles toutes voyant
heros Laomedontius	le héros issu-de-Laomédon
fluctuat magno æstu	flotte dans un grand bouillonnement
curarum,	de soucis,
atque dividit	et partage (fait passer tour à tour)
nunc huc, nunc illuc,	tantôt ici, tantôt là,
animum celerem,	*son* esprit prompt (mobile),
rapitque in varias partes,	et *l'*entraîne en divers côtés,
versatque per omnia.	et *le* retourne à travers tous *les partis*.
Sicut ubi labris ahenis.	Comme lorsque dans des vases d'-airain
lumen tremulum aquæ,	la lumière tremblante de l'eau,
repercussum sole	répercutée par le soleil
aut imagine	ou par l'image
lunæ radiantis,	de la lune rayonnante,
pervolitat late omnia loca,	vole au loin dans tous les lieux,
jamque erigitur sub auras,	et déjà se dresse sous (dans) les airs,
feritque laquearia	et frappe les lambris
tecti summi.	du toit *placé-au-faîte*.
Nox erat,	La nuit était,
et sopor altus	et un sommeil profond
habebat per omnes terras	possédait dans toutes les terres
animalia fessa,	les êtres-animés fatigués,
genus alituum	la race des oiseaux
pecudumque ;	et des bêtes ;
quum pater Æneas	lorsque le père (héros) Énée
procubuit in ripa	se coucha sur la rive
subque axe ætheris gelidi,	et sous l'axe de l'éther froid,
turbatus pectora	troublé dans *sa* poitrine
tristi bello,	par *cette* triste guerre,
deditque per membra	et donna (répandit) dans *ses* membres
quietem seram.	un repos tardif.
Deus ipse loci,	Le dieu même du lieu,
Tiberinus fluvio amœno,	le Tibre au cours agréable,
senior,	déjà-vieux
visus huic se attollere	*fut* vu à (par) lui se dresser
inter frondes populeas :	au milieu des feuillages des-peupliers ;
carbasus tennis	une toile-de-lin mince

Carbasus, et crines umbrosa tegebat arundo.
Tum sic affari, et curas his demere dictis :   35
  « O sate gente deum, Trojanam ex hostibus urbem
Qui revehis nobis, æternaque Pergama servas,
Exspectate solo Laurenti arvisque Latinis,
Hic tibi certa domus, certi, ne absiste, Penates;
Neu belli terrere minis : tumor omnis et iræ   40
Concessere deum.
Jamque tibi, ne vana putes hæc fingere somnum,
Littoreis ingens inventa [1] sub ilicibus sus,
Triginta capitum fetus enixa, jacebit,
Alba, solo recubans, albi circum ubera nati.   45
Hic locus urbis erit, requies ea certa laborum;
Ex quo ter denis urbem redeuntibus annis
Ascanius clari condet cognominis Albam [2].
Haud incerta cano. Nunc qua ratione quod instat
Expedias victor, paucis, adverte, docebo.   50
Arcades his oris, genus a Pallante profectum,

l'enveloppait de ses plis d'azur ; une couronne de roseaux couvrait
sa moite chevelure. Le dieu lui adresse la parole et calme ainsi ses
alarmes :
  « Fils des dieux, toi qui amènes sur nos bords Troie sauvée de
la fureur de ses ennemis, et qui nous conserves l'éternelle Pergame;
héros qu'attendaient la terre de Laurente et les champs des Latins,
ici est ta demeure assurée; ici doivent se fixer tes Pénates. Garde-
toi de quitter cette terre. Que les menaces de guerre ne t'épouvan-
tent pas : toute cette grande tempête de la colère des dieux est
apaisée. Ne crois pas qu'un vain songe abuse en ce moment tes
esprits : bientôt tu trouveras sous les chênes du rivage une énorme
laie blanche, couchée sur le sable, rassemblant autour de ses mamelles trente petits récemment nés et blancs comme leur mère. C'est
là l'endroit où tu bâtiras ta ville; c'est là qu'est le terme assuré de
tes travaux; c'est là qu'Ascagne, après trente années révolues, fon-
dera la cité d'Albe, nom à jamais célèbre. Ce que je te prédis est
certain. Maintenant je vais t'apprendre en peu de mots les moyens de
sortir vainqueur des dangers qui te pressent : sois attentif à mes paroles. Des Arcadiens descendants de Pallas, arrivés dans ces con-

velabat eum	voilait lui
amictu glauco,	d'un vêtement verdâtre,
et arundo umbrosa	et un roseau ombreux
tegebat crines.	couvrait ses cheveux.
Tum affari sic,	Alors *il commença à lui* parler ainsi,
et demere curas his dictis :	et *à lui* ôter *ses* soucis par ces mots :
« O sate gente deum,	« O *toi* issu de la race des dieux,
qui revehis nobis	qui ramènes à nous
ex hostibus	du milieu des ennemis
urbem Trojanam,	la ville Troyenne,
servasquePergamaæterna,	et conserves Pergame éternelle,
exspectate solo Laurenti	*ô toi* attendu sur le sol Laurentin
arvisque Latinis,	et dans les champs du-Latium,
hic tibi domus certa,	ici *est* à toi une demeure assurée,
Penates certi, ne absiste ;	des Pénates assurés, ne te désiste pas ;
neu terrere	ou (et) ne sois pas effrayé
minis belli :	par les menaces de la guerre :
omnis tumor	tout gonflement (ressentiment)
et iræ deum	et *toutes* colères des dieux
concessere.	se sont retirées-à-la-fois.
Jamque,	Et bientôt,
ne putes somnum	pour que tu ne croies pas le sommeil
fingere hæc vana,	forger ces *paroles* vaines,
tibi ingens sus	à toi une grande laie
inventa	trouvée
sub ilicibus littoreis,	sous les yeuses du-rivage,
enixa fetus	ayant mis-bas une portée
triginta capitum,	de trente têtes (petits),
jacebit, alba,	sera étendue, blanche,
recubans solo,	couchée sur le sol,
nati albi circum ubera.	*ses* petits blancs autour de *ses* mamelles.
Hic erit locus urbis,	Ce sera la place de *ta* ville,
ea requies certa laborum;	ce *sera* le repos assuré de *tes* travaux;
ex quo,	du quel *lieu partant*,
ter denis annis	trois-fois dix années
redeuntibus,	revenant (se passant),
Ascanius condet urbem	Ascagne fondera une ville
Albam cognominis clari.	Albe d'un surnom illustre.
Haud cano	Je ne chante (prédis) pas
incerta.	des *événements* incertains.
Nunc, adverte,	Maintenant, fais-attention,
docebo paucis,	je *t*'enseignerai en peu de *mots*,
qua ratione	par quel moyen
expedias victor	tu pourras-dégager (terminer) vainqueur
quod instat.	ce qui presse.
Arcades, genus	Des Arcadiens, race
profectum a Pallante,	partie (issue) de Pallas,

Qui regem Evandrum comites, qui signa secuti,
Delegere locum, et posuere in montibus urbem,
Pallantis proavi de nomine Pallanteum.
Hi bellum assidue ducunt cum gente Latina :   55
Hos castris adhibe socios et fœdera junge.
Ipse ego te ripis et recto flumine ¹ ducam,
Adversum remis superes subvectus ut amnem.
Surge, age, nate dea, primisque cadentibus astris,
Junoni fer rite preces, iramque minasque   60
Supplicibus supera votis : mihi victor honorem
Persolves. Ego sum, pleno quem flumine cernis
Stringentem ripas et pinguia culta secantem,
Cæruleus Thybris, cœlo gratissimus amnis.
Hic mihi magna domus, celsis caput urbibus exit. »   65
    Dixit, deinde lacu fluvius se condidit alto,
Ima petens. Nox Ænean, somnusque reliquit :

trées sous la conduite et les drapeaux d'Évandre leur roi, y ont
établi leur demeure et ont bâti dans les montagnes une ville qui a
pris de ce Pallas, un de leurs ancêtres, le nom de Pallantée. Ces
étrangers sont continuellement en guerre avec la nation latine.
Joins leurs forces aux tiennes, et fais alliance avec eux. Moi-même,
te guidant entre mes rives, je te porterai sur mes ondes propices et
j'aiderai tes rameurs à remonter mon cours. Lève-toi donc, fils d'une
déesse, et sitôt que les étoiles commenceront à disparaître, adresse
à Junon ton humble prière, et fléchis par tes supplications sa colère
et ses menaces. Vainqueur, tu me feras tes sacrifices de reconnaissance. Je suis le dieu de ces eaux que tu vois couler à pleins
bords et traverser pompeusement de fertiles campagnes ; je suis le
Tibre aux flots d'azur, le fleuve aimé du ciel. Ici s'élèveront un jour,
pour ma gloire, d'augustes demeures, une cité grande entre toutes
les cités. »
    Il dit, et se plonge dans le sein de ses eaux profondes : la nuit et
le sommeil abandonnent en même temps Énée. Il se lève, et, les yeux

qui comites	ceux qui *comme* compagnons
secuti regem Evandrum,	ont suivi le roi Évandre,
qui signa,	qui *ont suivi ses* drapeaux,
delegere locum his oris,	ont choisi un emplacement sur ces bords,
et posuere urbem	et ont établi une ville
in montibus,	sur des hauteurs,
Pallanteum	Pallantée
de nomine proavi Pallantis.	du nom de *leur* aïeul Pallas.
Hi ducunt bellum	Ceux-ci mènent (font) la guerre
assidue	continuellement
cum gente Latina:	avec la nation Latine:
adhibe hos castris socios	ajoute ceux-ci à *ton* camp *comme* alliés
et junge fœdera.	et unis (conclus) un traité-d'alliance.
Ipse ego ducam te	Moi-même je conduirai toi
ripis	dans (entre) *mes* rives
et flumine recto,	et sur *mon* fleuve en-droite-ligne,
ut subvectus	afin que transporté
superes remis	tu surmontes avec les rames
amnem adversum.	le courant opposé.
Surge, age, nate dea,	Lève-toi, va, *héros* né d'une déesse,
primisque astris	et les premiers astres
cadentibus,	tombant (se couchant),
fer rite	porte (adresse) selon-le-rite
preces Junoni,	des prières à Junon,
supera	surmonte (fléchis)
votis supplicibus	par *tes* vœux suppliants
iramque minasque :	et *sa* colère et *ses* menaces :
victor persolves mihi	vainqueur tu payeras à moi
honorem.	un honneur (un sacrifice).
Ego sum,	Je suis *ce fleuve*,
quem cernis	que tu vois
stringentem ripas	serrant les rives
flumine pleno	d'un cours plein
et secantem	et coupant
pinguia culta,	les grasses campagnes-cultivées,
Thybris cæruleus,	le Tibre azuré,
amnis gratissimus cœlo.	fleuve très-agréable au ciel.
Hic exit mihi	Ici sort (s'élève) pour moi
magna domus,	une grande demeure,
caput	tête (ville capitale)
urbibus celsis. »	pour les cités élevées. »
Fluvius dixit,	Le fleuve dit,
deinde se condidit	puis il se cacha
lacu alto,	dans le fleuve profond,
petens ima.	gagnant *les eaux* les plus basses.
Nox somnusque	La nuit et le sommeil
reliquit Ænean :	quittèrent Énée ;

1.

Surgit, et, ætherei spectans orientia solis
Lumina, rite cavis undam de flumine palmis
Sustulit, ac tales effudit ad æthera voces :   70
« Nymphæ, Laurentes nymphæ, genus amnibus unde est,
Tuque, o Thybri, tuo genitor cum flumine sancto
Accipite Ænean, et tandem arcete periclis.
Quo te cumque lacus miserantem incommoda nostra ·
Fonte tenet, quocumque solo pulcherrimus exis,   75
Semper honore meo, semper celebrabere donis,
Corniger Hesperidum fluvius regnator aquarum
Adsis o tantum, et propius tua numina firmes. »
Sic memorat, geminasque legit de classe biremes,
Remigioque aptat ; socios simul instruit armis.   80
    Ecce autem, subitum atque oculis mirabile monstrum,
Candida per silvam cum fetu concolor albo
Procubuit, viridique in littore conspicitur sus :
Quam pius Æneas tibi enim ¹, tibi, maxima Juno,

tournés vers les feux naissants du soleil , il puise , selon les rites,
de l'eau du fleuve dans ses mains , et fait entendre ces prières :
« Nymphes de Laurente, nymphes, mères des fleuves, et toi dieu
du Tibre, fleuve aux ondes sacrées, recevez Énée et détournez de
lui tous les périls. Quelle que soit la source de tes flots, toi qui
plains nos malheurs ; quelle que soit la terre d'où s'échappent tes
belles ondes, tu seras toujours honoré par moi, toujours comblé de
mes dons, ô fleuve aux cornes révérées, auguste souverain des eaux
de l'Hespérie. O seulement sois-moi propice et confirme bientôt tes
divines promesses. » Ayant ainsi parlé, il choisit dans sa flotte
deux galères à double rang, les munit de rameurs, et les pourvoit
d'armes et de soldats.

    Tout à coup, ô prodige, ô merveille ! une laie blanche, avec ses
petits, blancs comme elle, lui apparaît sous les ombrages de la forêt,
et va se coucher sur le vert gazon du rivage. C'est à toi, puissante
Junon, à toi que le pieux Énée offre en sacrifice sur tes autels et

surgit,	il se lève,
et, spectans lumina orientia	et, regardant la lumière naissante
solis ætherei,	du soleil éthéré,
sustulit rite	il éleva (puisa) selon-le-rite
palmis cavis	dans *ses* mains creuses
undam de flumine,	de l'eau du fleuve,
ac effudit ad æthera	et versa vers l'éther
tales voces :.	de telles paroles :
« Nymphæ,	« Nymphes,
nymphæ Laurentes,	nymphes Laurentines,
unde genus est amnibus,	d'où la race est aux fleuves,
tuque, o Thybri genitor	et toi, ô Tibre père (auguste)
cum tuo flumine sacro	avec ton courant sacré
accipite Ænean,	recevez Enée,
et tandem arcete	et enfin éloignez-*le*
periclis.	des dangers (éloignez-les de lui).
Quocumque fonte lacus	En quelque source que *ton* bassin
tenet te,	retienne t'oi,
miserantem	qui as pitié
nostra incommoda,	de nos embarras,
quocumque solo exis	de quelque sol que tu sortes
pulcherrimus,	*toi qui es* très-beau,
celebrabere semper	tu seras fêté toujours
meo honore,	par mon honneur (mon culte),
semper donis,	toujours par *mes* présents,
fluvius corniger,	fleuve qui-portes-des-cornes,
regnator aquarum	roi des eaux
Hesperidum.	de-l'Hespérie.
O tantum adsis,	O seulement assiste-*moi*,
et firmes propius	et confirme de plus près
tua numina ! »	ta volonté ! »
Memorat sic,	Il parle ainsi,
legitque de classe	et choisit de *sa* flotte
geminas biremes,	deux *galères* à-deux-rangs-de-rames,
aptatque remigio ;	et *les* pourvoit de rameurs ;
simul	en même temps
instruit armis socios.	il équipe d'armes *ses* compagnons
Ecce autem,	Mais voilà que,
monstrum subitum	prodige soudain
atque mirabile oculis,	et étonnant aux yeux,
sus candida	une laie blanche
procubuit per silvam	s'est couchée (est couchée) dans la forêt
concolor	de-la-même-couleur
cum fetu albo,	avec (que) *sa* portée blanche,
conspiciturque	et est aperçue
in littore viridi :	sur le rivage verdoyant :
quam pius Æneas mactat	laquelle le pieux Enée immole

Mactat, sacra ferens, et cum grege sistit ad aram. 85

Thybris ea fluvium, quam longa est, nocte tumentem

Leniit, et tacita refluens ita substitit unda,

Mitis ut in morem stagni placidæque paludis

Sterneret æquor aquis, remo ut luctamen abesset.

Ergo iter inceptum celerant; rumore secundo 90

Labitur uncta vadis abies : mirantur et undæ,

Miratur nemus insuetum fulgentia longe

Scuta virum fluvio, pictasque innare carinas.

Olli remigio noctemque diemque fatigant¹,

Et longos superant flexus, variisque teguntur 95

Arboribus, viridesque secant placido æquore silvas.

Sol medium cœli conscenderat igneus orbem,

Quum muros, arcemque procul, ac rara domorum

Tecta vident, quæ nunc Romana potentia cœlo

les nourrissons et la mère. Le Tibre, durant toute cette nuit, ralentit la violence de son cours, et dans son lit silencieux, abaissant ses vagues enflées, aplanit leur surface et présenta l'image d'un étang immobile, d'un tranquille marais où la rame n'avait point à lutter contre les flots. Les Troyens se hâtent de poursuivre leur route commencée. Les nefs aux flancs enduits de poix glissent avec un doux murmure sur les ondes, et les eaux et les bois s'étonnent en voyant pour la première fois les armures des guerriers qui reluisent au loin, et ces carènes peintes voguant sur le fleuve. Cependant les rameurs fendent les flots sans relâche, et, la nuit et le jour, remontent les longs détours du fleuve, à l'ombre des bois, et les proues sillonnent, dans le tranquille miroir des eaux, les verdoyantes forêts. Déjà le soleil enflammé avait fourni dans les airs la moitié de sa course, quand les Troyens aperçoivent au loin des murs, une citadelle et quelques toits épars, que la puis-

tibi enim,	à toi donc,
tibi, maxima Juno,	à toi, très-grande Junon,
ferens sacra,	*te* portant (t'offrant) un sacrifice,
et sistit ad aram	et il *la* place au pied de l'autel
cum grege.	avec le troupeau *de ses petits.*
Thybris leniit	Le Tibre adoucit (calma)
fluvium tumentem,	*son* courant gonflé,
ea nocte, quam est longa,	cette nuit-là, *autant* qu'elle est longue,
et refluens	et refluant
substitit ita	il s'abaissa tellement
unda tacita,	avec *son* onde silencieuse (sans murmu-
ut sterneret æquor	qu'il aplanit (forma) une plaine [re),
aquis,	avec *ses* eaux,
in morem stagni mitis	à la manière d'un étang doux
paludisque placidæ,	et d'un marais tranquille,
ut luctamen	afin que l'effort
abesset remo.	manquât (ne fût pas nécessaire) à la rame.
Ergo celerant	En conséquence ils hâtent
iter inceptum ;	le voyage commencé ;
abies uncta	le sapin (vaisseau) enduit *de poix*
labitur vadis	glisse sur les eaux
rumore	avec un bruit *des flots contre lui* (un cours)
secundo !	favorable :
undæ et mirantur,	les ondes aussi voient-avec-étonnement,
nemus insuetum	la forêt non-accoutumée *à ce spectacle*
miratur	voit-avec-étonnement
scuta virum	les boucliers des guerriers
fulgentia longe fluvio,	brillant au loin sur le fleuve,
carinasque pictas innare.	et les carènes peintes nager-sur *les flots.*
Olli fatigant	Ceux-ci fatiguent
remigio	par le mouvement-des-rames
noctemque diemque,	et la nuit et le jour,
et superant	et franchissent
longos flexus,	les longs détours,
tegunturque	et sont couverts
arboribus variis,	d'arbres divers,
secantque	et fendent
silvas virides	les forêts vertes
æquore placido.	sur ia plaine *liquide* paisible.
Sol igneus conscenderat	Le soleil de-feu avait atteint-en-montant
medium orbem cœli,	le milieu-du cercle du ciel
quum vident procul	lorsqu'ils voient au loin
muros arcemque,	les murs et la citadelle,
ac tecta rara	et les toits rares (peu nombreux)
domorum,	des habitations,
quæ nunc	que maintenant
potentia Romana	la puissance Romaine

Æquavit; tum res inopes Evandrus habebat.   100
Ocius advertunt proras, urbique propinquant.
   Forte die solennem illo rex Arcas honorem
Amphitryoniadæ magno divisque ferebat
Ante urbem in luco : Pallas huic filius una,
Una omnes juvenum primi, pauperque senatus   105
Thura dabant, tepidusque cruor fumabat ad aras.
Ut celsas videre rates, atque inter opacum
Allabi nemus et tacitis incumbere remis,
Terrentur visu subito, cunctique relictis
Consurgunt mensis : audax quos rumpere Pallas   110
Sacra vetat, raptoque volat telo obvius ipse,
Et procul e tumulo : « Juvenes, quæ causa subegit
Ignotas tentare vias? quo tenditis? inquit.
Qui genus? unde domo? pacemne huc fertis an arma? »
Tum pater Æneas puppi sic fatur ab alta,   115
Paciferæque manu ramum prætendit olivæ :

sance romaine a depuis élevés jusqu'aux cieux : c'était alors l'humble royaume d'Évandre. Aussitôt on tourne les proues et l'on aborde.

   Ce jour-là même, aux portes de la ville, dans un bois sacré, le prince arcadien offrait un sacrifice solennel à l'illustre fils d'Amphitryon et aux autres dieux. A ses côtés son fils Pallas, les chefs de ses guerriers et le modeste sénat de la nation, présentaient l'encens avec lui, et faisaient fumer sur les autels le sang tiède des victimes. A la vue des deux grands navires glissant à travers la sombre forêt, et des matelots pesant en cadence sur leurs rames silencieuses, un effroi soudain les saisit : tous à la fois se lèvent et veulent abandonner les tables sacrées. Mais l'intrépide Pallas leur défend d'interrompre le sacrifice, et, saisissant un javelot, il vole au-devant des étrangers, et de loin, placé sur un tertre : « Guerriers, s'écria-t-il, quel motif vous a fait tenter ces routes inconnues? Où allez-vous? qui êtes-vous? d'où venez-vous? Apportez-vous ici la paix ou la guerre? » Alors Énée, lui montrant dans sa main le rameau d'olivier, symbole de la paix, lui répond en ces mots du haut

æquavit cœlo ;	a égalés au ciel (élevés jusqu'au ciel) ;
tum Evandrus habebat	alors Évandre possédait
res inopes.	des affaires (un royaume) sans-richesse.
Ocius advertunt	Aussitôt ils tournent-vers *la terre*
proras ,	*leurs* proués ,
propinquantque urbi.	et approchent de la ville.
Illo die forte	Ce jour-*là* par hasard
rex Arcas	le roi Arcadien
ferebat honorem	portait un honneur (offrait un sacrifice)
solennem	solennel
magno Amphitryoniadæ	au grand fils-d'Amphitryon
divisque	et aux dieux
ante urbem in luco :	devant la ville dans un bois-sacré :
una Pallas filius huic,	en même temps Pallas fils à lui (son fils),
una	en même temps
omnes primi juvenum ,	tous les premiers des jeunes-gens
senatusque pauper	et le sénat pauvre
dabant thura ,	donnaient (présentaient) de l'encens ,
cruorque tepidus	et le sang tiède
fumabat ad aras.	fumait aux autels.
Ut videre rates celsas,	Dès qu'ils ont vu les vaisseaux élevés,
atque allabi	et *les matelots* glisser-vers *la terre*
inter nemus opacum ,	à travers la forêt ombragée ,
et incumbere remis	et peser-sur les rames
tacitis ,	silencieuses .
terrentur visu subito,	ils sont effrayés de *cette* vue soudaine,
cunctique consurgunt,	et tous se lèvent ,
mensis relictis :	les tables étant quittées :
quos audax Pallas	auxquels l'audacieux Pallas
vetat	défend
rumpere sacra ,	d'interrompre les *cérémonies* sacrées ,
ipseque volat obvius	et lui-même vole à-la-rencontre
telo rapto ,	avec un trait saisi ,
et procul e tumulo :	et de loin du haut d'un tertre :
« Juvenes ,	« Jeunes-guerriers ,
quæ causa subegit	quel motif *vous* a engagés
tentare vias ignotas?	à tenter des routes inconnues ?
quo tenditis? inquit.	où allez-vous? dit-il.
Qui genus?	Qui *êtes-vous* par la race ?
unde domo?	d'où *venez-vous partis* de *votre* demeure ?
fertisne huc pacem	apportez-vous ici la paix
an arma? »	ou les armes? »
Tum pater Æneas	Alors le père (héros) Énée
fatur sic ab alta puppi,	parle ainsi du haut-de la poupe,
prætenditque manu	et tend-devant *lui* dans *sa* main
ramum	un rameau
olivæ paciferæ :	de l'olivier qui-apporte-la-paix :

« Trojugenas ac tela vides inimica Latinis,
Quos illi bello profugos egere superbo.
Evandrum petimus : ferte hæc, et dicite lectos
Dardaniæ venisse duces, socia arma rogantes. »   120
Obstupuit tanto perculsus nomine Pallas :
« Egredere, o quicumque es, ait, coramque parentem
Alloquere, ac nostris succede Penatibus hospes. »
Excepitque manu, dextramque amplexus inhæsit.
Progressi subeunt luco, fluviumque relinquunt.   125
    Tum regem Æneas dictis affatur amicis :
« Optime Grajugenum, cui me fortuna precari,
Et vitta comtos voluit' prætendere ramos,
Non equidem extimui Danaum quod ductor, et Arcas,
Quodque ab stirpe fores geminis conjunctus Atridis;   130
Sed mea me virtus, et sancta oracula divum,
Cognatique patres, tua terris didita fama
Conjunxere tibi, et fatis egere volentem.

de sa poupe : « Vous voyez des enfants de Troie, vous voyez des
armes ennemies des Latins, dont l'orgueil barbare prétend nous
chasser de l'Hespérie. Nous demandons Évandre ; dites-lui que les
chefs de la nation de Dardanus sont ici, et sollicitent l'alliance de
ses armes. »'A ce nom si fameux de Troie, Pallas, frappé d'éton-
nement : « Ah ! qui que vous soyez, répond-il, approchez ; venez,
parlez en face à mon père, et entrez, hôte bienvenu, dans nos foyers
domestiques. » A ces mots il lui tend la main et presse cordialement
la sienne. Les Troyens s'avancent, entrent sous le bois sacré et
abandonnent le fleuve.

    Alors Énée adresse au roi ces paroles amies : « O le meilleur des
Grecs, puisque la fortune veut aujourd'hui que je vous implore et
que je vous présente, en suppliant, ces rameaux d'olivier entrelacés
de bandelettes sacrées, je vous aborde sans crainte, quoique vous
soyez Arcadien, l'un des chefs de la Grèce, et uni par le sang aux
deux Atrides. La droiture de mon cœur, les saints oracles des dieux,
nos communs ancêtres, et votre renommée répandue dans tout
l'univers, m'ont rendu d'avance votre allié, et m'ont fait obéir avec

« Vides Trojugenas
ac tela inimica Latinis,
quos illi
egere profugos
bello superbo.
Petimus Evandrum :
ferte hæc,
et dicite duces lectos
Dardaniæ
venisse,
rogantes arma socia. »
Pallas obstupuit
perculsus tanto nomine :
« Egredere, ait,
o quicumque es,
alloquereque parentem
coram,
ac succede hospes
nostris Penatibus. »
Excepitque manu,
amplexusque dextram
inhæsit.
Progressi
subeunt luco,
relinquuntque fluvium.
   Tum Æneas
affatur regem
dictis amicis :
« Optime Grajugenum,
cui fortuna
voluit me precari,
et prætendere ramos
comtos vitta,
non equidem extimui,
quod fores
ductor Danaum,
et Arcas,
quodque conjunctus
ab stirpe
geminis Atridis ;
sed mea virtus,
et sancta oracula divum,
patresque cognati,
tua fama didita terris,
conjunxere me tibi,
et egere fatis
volentem.

« Tu vois des *guerriers* issus-de-Troie
et des armes ennemies des Latins,
des guerriers que ceux-là (les Latins)
ont chassés fugitifs
par une guerre superbe.
Nous allons-chez Évandre :
portez-*lui* ces *paroles*,
et dites-*lui* des chefs choisis
de la Dardanie
être venus,
sollicitant *ses* armes *pour* alliées. »
Pallas demeura-stupéfait
frappé d'un si grand nom :
« Sors-de *ton vaisseau*, dit-il,
ô qui que tu sois,
et parle-à *mon* père
en face,
et entre *comme* hôte
dans nos Pénates. »
Et il *le* reçut avec la main,
et ayant enlacé *sa* droite
il *y* resta-attaché.
Marchant-en-avant
ils entrent-sous le bois-sacré,
et quittent le fleuve.
   Alors Énée
parle au roi
avec des paroles amies :
« O le meilleur des Grecs,
à qui la fortune
a voulu moi adresser-des-prières,
et présenter des rameaux
parés d'une bandelette,
je n'ai assurément pas craint,
parce que tu étais
chef de Danaëns,
et Arcadien,
et parce que *tu étais* uni
par la race
aux deux Atrides ;
mais ma vertu,
et les saints oracles des dieux,
et *nos* pères alliés (parents),
et ta renommée répandue sur la terre,
ont uni moi à toi,
et ont conduit par les destins
moi le voulant.

Dardanus, Iliacæ primus pater urbis et auctor,
Electra, ut Graii perhibent, Atlantide cretus,   135
Advehitur Teucros ; Electram maximus Atlas
Edidit, æthereos humero qui sustinet orbes.
Vobis Mercurius pater est, quem candida Maia
Cyllenæ [1] gelido conceptum vertice fudit ;
At Maiam, auditis si quidquam credimus, Atlas,   140
Idem Atlas generat, cœli qui sidera tollit.
Sic genus amborum scindit se sanguine ab uno.
His fretus, non legatos, neque prima per artem
Tentamenta tui pepigi : me, me, ipse, meumque
Objeci caput, et supplex ad limina veni.   145
Gens eadem, quæ te, crudeli Daunia [2] bello
Insequitur ; nos si pellant, nihil affore credunt
Quin omnem Hesperiam penitus sua sub juga mittant,
Et mare, quod supra, teneant, quodque alluit infra [3].
Accipe daque fidem : sunt nobis fortia bello   150

joie aux ordres du destin. Dardanus, le père des Troyens, le fondateur
d'Ilion, Dardanus, issu d'Électre, fille d'Atlas, ainsi que les Grecs le
racontent, aborda jadis dans la Troade. Électre dut le jour au grand
Atlas, dont les épaules soutiennent la voûte étoilée des cieux. Vous,
vous eûtes pour père Mercure que la belle Maïa mit au monde sur le
sommet glacé du Cyllène, et Maïa, si l'on en croit la tradition,
était fille d'Atlas, de ce même Atlas qui supporte le ciel et les astres.
Ainsi nos deux familles sont deux branches fraternelles sorties de
la même tige. Confiant en ces titres, je n'ai choisi, pour sonder vos
dispositions, ni la voie des ambassadeurs, ni les vains détours de la
politique : je me suis moi-même présenté à vous, moi seul, au péril
de ma tête, et j'ai, en suppliant, abordé votre seuil. La nation
Daunienne nous fait à l'un et à l'autre une guerre cruelle ; si elle
parvient à nous chasser, rien ne l'empêchera de mettre sous son
joug l'Hespérie tout entière, et de dominer sur les deux mers qui
baignent ses rivages. Donnez-moi votre foi et recevez la mienne :

Dardanus, primus pater	Dardanus, le premier père
et auctor urbis Iliacæ,	et le fondateur de la ville d'-Ilion,
cretus, ut Graii perhibent,	né, comme les Grecs *le* racontent,
Electra Atlantide,	d'Electre l'Atlantide,
advehitur Teucros ;	arrive-chez les Troyens ;
maximus Atlas	le très-grand Atlas
edidit Electram,	a engendré Électre,
qui sustinet humero	*Atlas* qui soutient de *son* épaule
orbes æthereos.	les orbes éthérés (le ciel).
Mercurius est pater vobis,	Mercure est *pour* père à vous,
quem candida Maia	*Mercure* que la blanche Maïa
fudit conceptum	mit-au-jour conçu (après l'avoir conçu)
vertice gelido Cyllenæ ;	sur le sommet glacé du Cyllène ;
at, si credimus	mais, si nous croyons
quidquam	en quelque chose
auditis,	aux *récits* entendus,
Atlas, idem Atlas,	Atlas, le même Atlas,
qui tollit sidera cœli,	qui porte les astres du ciel,
generat Maiam.	engendre Maia.
Sic genus amborum	Ainsi la race des deux
se scindit	se sépare
a sanguine uno.	*partie* d'un sang unique (commun).
Fretus his,	Confiant en ces *titres*,
non pepigi	je n'ai pas fait
prima tentamenta tui	les premiers essais de toi
legatos,	*par* des députés,
neque per artem :	ni par artifice :
ipse objeci me, me,	moi-même j'ai présenté moi, moi,
meumque caput,	et ma tête,
et supplex veni	et suppliant je suis venu
ad limina.	à *ton* seuil.
Eadem gens Daunia,	La même nation Daunienne,
quæ te,	qui te *poursuit*,
insequitur bello crudeli ;	*nous* poursuit *aussi* par une guerre cruelle ;
si pellant nos,	s'ils viennent à chasser nous,
credunt	ils croient
nihil affore	rien ne devoir se présenter *comme obstacle*
quin	*pour empêcher* que
mittant	ils n'envoient (ne fassent passer)
sub sua juga	sous leur joug
omnem Hesperiam	toute l'Hespérie
penitus,	en-totalité,
et teneant mare	et qu'ils ne possèdent la mer
quod alluit supra,	qui *la* baigne en haut,
quodque infra.	et celle qui *la baigne* en bas.
Accipe daque fidem :	Reçois et donne parole :
nobis sunt pectora	à nous sont des cœurs

Pectora, sunt animi, et rebus spectata juventus. »

   Dixerat Æneas. Ille os, oculosque loquentis
Jamdudum et totum lustrabat lumine corpus.
Tum sic pauca refert : « Ut te, fortissime Teucrum,
Accipio agnoscoque libens! ut verba parentis   155
Et vocem Anchisæ magni vultumque recordor!
Nam memini Hesionæ visentem regna sororis
Laomedontiaden Priamum, Salamina petentem,
Protinus Arcadiæ gelidos invisere fines.
Tum mihi prima genas vestibat flore juventa;   160
Mirabarque duces Teucros, mirabar et ipsum
Laomedontiaden; sed cunctis altior ibat
Anchises : mihi mens juvenili ardebat amore
Compellare virum, et dextræ conjungere dextram.
Accessi, et cupidus Phenei sub mœnia duxi.   165
Ille mihi insignem pharetram Lyciasque sagittas
Discedens chlamydemque auro dedit intertextam,
Frenaque bina, meus quæ nunc habet aurea Pallas.

j'ai avec moi des guerriers belliqueux, d'intrépides courages, une
jeunesse éprouvée déjà dans les périls de la guerre. »

   Ainsi parlait Énée. Pendant ce temps Évandre considérait ses
traits, son air, et le parcourait tout entier de ses regards curieux ;
enfin il lui répond en peu de mots : « Qu'il m'est doux de vous recevoir, ô le plus courageux des Troyens! Que j'aime à reconnaître,
à retrouver en vous le langage du grand Anchise, votre père, le
son de sa voix, les traits de son visage! Je m'en souviens encore,
quand le fils de Laomédon, Priam, visitant les États d'Hésione sa
sœur, se rendit à Salamine, il traversa, dans son voyage, les froides
contrées de l'Arcadie. Alors la jeunesse en sa fleur couvrait mes
joues de son premier duvet : j'admirais les chefs troyens, j'admirais aussi le fils de Laomédon; mais Anchise les effaçait tous et marchait sans égal. Dans l'enthousiasme de mon jeune cœur, je brûlais
de lui parler, de joindre ma main à la sienne. Je m'approchai de
lui et je le conduisis, heureux d'être son guide, dans les murs de
Phénée. A son départ il me fit présent d'un brillant carquois rempli
de flèches de Lycie, d'une chlamyde d'or, et de deux freins d'or que
possède maintenant mon fils Pallas. Ainsi cette alliance que vous

fortia bello ,
sunt animi ,
et juventus spectata
rebus. »
   Æneas dixerat.
Ille jamdudum
lustrabat lumine
os, oculosque loquentis,
et totum corpus.
Tum refert sic pauca :
« Ut accipio agnoscoque
libens
te, fortissime Teucrum !
ut recordor
verba parentis,
et vocem vultumque
magni Anchisæ !
Nam memini Priamum
Laomedontiaden
visentem regna
Hesionæ sororis,
petentem Salamina ,
invisere protinus
fines gelidos Arcadiæ.
Tum prima juventa
vestibat mihi genas
flore ;
mirabarque
duces Teucros ,
mirabar et
Laomedontiaden ipsum ;
sed Anchises
ibat altior cunctis :
mens ardebat mihi
amore juvenili
compellare virum ,
et conjungere dextram
dextræ.
Accessi , et cupidus
duxi sub mœnia Phenei.
Ille discedens dedit mihi
pharetram insignem
sagittasque Lycias,
chlamydemque
intertextam auro,
binaque frena aurea ,
quæ habet nunc

courageux pour la guerre,
à nous sont des sentiments-d'ardeur ,
et une jeunesse éprouvée
par *ses* actions. »
   Énée avait dit.
Lui (Évandre) depuis longtemps
parcourait de *son* œil
le visage, et les yeux d'*Énée* parlant,
et tout *son* corps.
Puis il répond ainsi peu de *mots* :
« Comme je reçois et reconnais
avec-plaisir
toi, *ô* le plus courageux des Troyens !
comme je me rappelle
les paroles de *ton* père,
et la voix et le visage
du grand Anchise !
Car je me souviens *que* Priam
fils-de-Laomédon
allant-voir le royaume
d'Hésione *sa* sœur,
gagnant Salamine,
visiter (visita) en-continuant-*sa-route*
les confins glacés de l'Arcadie.
Alors la première jeunesse
revêtait à moi les joues
de *sa* fleur (de son duvet) ;
et j'admirais
les chefs Troyens ,
j'admirais aussi
le fils-de-Laomédon lui-même ;
mais Anchise
allait plus élevé *de taille* que tous :
l'esprit brûlait à moi
d'un désir de-jeune-homme
d'interpeller le héros,
et de joindre *ma* droite
à *sa* droite.
Je m'approchai, et avide
je *le* conduisis sous les murs de **Phénée**.
Lui en partant donna à moi
un carquois superbe
et des flèches Lyciennes,
et une chlamyde
brodée d'or ,
et deux freins d'-or,
que possède maintenant

Ergo, et quam petitis juncta est mihi fœdere dextra ;
Et, lux quum primum terris se crastina reddet,   170
Auxilio lætos dimittam opibusque juvabo.
Interea sacra hæc, quando huc venistis amici,
Annua, quæ differre nefas, celebrate faventes
Nobiscum, et jam nunc sociorum assuescite mensis. »

Hæc ubi dicta, dapes jubet et sublata reponi   175
Pocula, gramineoque viros locat ipse sedili;
Præcipuumque toro et villosi pelle leonis
Accipit Ænean, solioque invitat acerno.
Tum lecti juvenes certatim aræque sacerdos
Viscera tosta ferunt taurorum, onerantque canistris [1]   180
Dona laboratæ Cereris, Bacchumque ministrant.
Vescitur Æneas, simul et Trojana juventus,
Perpetui tergo bovis [2], et lustralibus extis.

Postquam exemta fames, et amor compressus edendi,
Rex Evandrus ait : « Non hæc solennia nobis,   185

demandez, elle est déjà faite entre nous; et demain, dès que la lumière du jour sera rendue à la terre, vous partirez satisfaits de mes
secours, aidés des ressources que je possède. En attendant, puisque
vous venez ici comme amis, célébrez avec nous ce sacrifice annuel
qu'on ne peut différer sans crime, et accoutumez-vous dès aujour-
d'hui à la table de vos alliés. »

Il dit, et ordonne qu'on rapporte les mets et les coupes enlevés;
lui-même il place les Troyens sur des bancs de gazon, et, par honneur, fait asseoir Énée sur un trône de bois d'érable que recouvre la
dépouille velue d'un lion. Alors une jeunesse choisie et le prêtre du
sacrifice s'empressent d'apporter les chairs brûlantes des taureaux ;
ils chargent les corbeilles des dons préparés de Cérès, et versent aux
convives la douce liqueur de Bacchus. Le dos entier d'un bœuf et
ses entrailles consacrées sont servies à Énée et à la jeunesse
troyenne.

Après qu'ils eurent apaisé leur faim et qu'on eut cessé de manger,
le roi Évandre parla ainsi : « Cette solennité sainte, ce religieux

meus Pallas.
Ergo, et dextra
quam petitis
est juncta mihi
fœdere;
et, quum primum
lux crastina
se reddet terris,
dimittam
lætos auxilio
juvaboque opibus.
Interea,
quando venistis huc
amici,
faventes
celebrate nobiscum
hæc sacra annua,
quæ nefas differre,
et jam nunc
assuescite
mensis sociorum. »
   Ubi hæc dicta,
jubet dapes
et pocula sublata
reponi,
ipseque locat viros
sedili gramineo;
accipitque Ænean
præcipuum
toro et pelle
leonis villosi,
invitatque solio acerno.
Tum juvenes lecti
sacerdosque aræ
ferunt certatim
viscera tosta taurorum,
onerantque canistris
dona Cereris laboratæ,
ministrantque Bacchum.
Æneas,
et simul juventus Trojana
vescitur
tergo bovis perpetui,
et extis lustralibus.
   Postquam fames exemta,
et amor edendi compressus,
rex Evandrus ait:

mon *fils* Pallas.
Donc, et la droite
que vous demandez
a été jointe à moi *avec vous*
par une alliance;
et, lorsque d'abord (dès que)
la lumière de-demain
se rendra aux terres,
je *vous* congédierai
joyeux de *mon* secours
et *vous* aiderai de *mes* ressources.
En-attendant,
puisque vous êtes venus ici
en amis,
favorisant
célébrez avec-nous
ces sacrifices annuels,
qu'*il est* impie de différer,
et déjà maintenant (dès à présent)
habituez-vous
aux tables de *vos* alliés. »
   Dès que ces *paroles* ont été dites,
il ordonne les mets
et les coupes enlevées
être replacés,
et lui-même place les guerriers
sur un banc de-gazon;
et il reçoit Énée
particulier (particulièrement)
sur un lit et une peau (couvert de la peau)
d'un lion velu,
et *l*'invite à un siége d'-érable.
Alors des jeunes-gens choisis
et le prêtre de l'autel
portent à l'envi
des entrailles rôties de taureaux,
et chargent dans des corbeilles
les dons de Cérès travaillée (le pain),
et fournissent Bacchus (donnent du vin).
Énée,
et en même temps la jeunesse Troyenne
se nourrissent
du dos d'un bœuf continuel (tout entier)
et d'entrailles expiatoires.
   Après que la faim *fut* ôtée,
et le désir de manger réprimé,
le roi Evandre dit:

Has ex more dapes, hanc tanti numinis aram
Vana superstitio veterumque ignara deorum
Imposuit: sævis, hospes Trojane, periclis
Servati facimus, meritosque novamus honores.
Jam primum saxis suspensam hanc adspice rupem :   190
Disjectæ procul ut moles, desertaque montis
Stat domus, et scopuli ingentem traxere ruinam :
Hic spelunca fuit, vasto submota recessu,
Semihominis Caci facies quam dira tenebat,
Solis inaccessam radiis; semperque recenti   195
Cæde tepebat humus; foribusque affixa superbis
Ora virum tristi pendebant pallida tabo.
Huic monstro Vulcanus erat pater; illius atros
Ore vomens ignes, magna se mole ferebat.
Attulit et nobis aliquando optantibus ætas   200
Auxilium adventumque dei : nam maximus ultor,
Tergemini nece Geryonis spoliisque superbus,
Alcides aderat, taurosque hac victor agebat

banquet, cet autel d'un dieu si grand, ce n'est point une vaine superstition, ce n'est point l'oubli du culte de nos pères qui les ont établis parmi nous : sachez, hôte Troyen, que sauvés d'un affreux péril, nous célébrons dans notre reconnaissance un dieu libérateur. Regardez sur ces pics escarpés cette roche suspendue dans les airs, ces masses énormes dispersées au loin, cet antre solitaire de la montagne, et l'immense ruine de ces roches écroulées. Là se creusait une caverne vaste, profonde, inaccessible aux rayons du soleil, et qu'habitait un monstre demi-homme, l'horrible Cacus. Sans cesse la terre y fumait d'un récent carnage, et, attachées à ces portes homicides, pendaient, effroyables trophées, des têtes pâles et dégouttantes d'un sang livide. Noir enfant de Vulcain, le monstre vomissait de sa bouche les flammes de son père, et marchait, colosse énorme. Enfin le temps amena le secours que nos vœux imploraient : un dieu parut. Le grand vengeur des crimes, Alcide, fier des dépouilles du triple Géryon expiré sous ses coups, se montra dans nos campagnes, conduisant d'immenses taureaux, fruit d'une noble victoire; ses

« Non superstitio vana
ignaraque veterum deorum
imposuit nobis
hæc solennia,
has dapes ex more,
hanc aram tanti numinis :
facimus, hospes Trojane,
servati sævis periclis,
novamusque
honores meritos.
Jam primum
adspice hanc rupem
suspensam saxis :
ut moles disjectæ procul,
domusque montis
stat deserta,
et scopuli
traxere ingentem ruinam.
Hic fuit spelunca,
submota vasto recessu,
quam inaccessam
radiis solis
facies dira Caci
semihominis
tenebat ;
semperque humus tepebat
cæde recenti ;
affixaque foribus superbis
ora virum pendebant
pallida tabo tristi.
Vulcanus erat pater
huic monstro ;
vomens ore
ignes atros illius,
se ferebat
magna mole.
Ætas attulit aliquando
et nobis optantibus
auxilium
adventumque dei :
nam Alcides,
maximus ultor,
superbus nece spoliisque
Geryonis tergemini,
aderat,
victorque agebat hac
ingentes tauros ;

« Ce n'est pas une superstition vaine
et ignorante des anciens dieux
qui a imposé à nous
ces *sacrifices* solennels,
ces repas *faits* selon la coutume,
cet autel d'une si grande divinité :
nous *le* faisons, *ô mon* hôte Troyen,
sauvés de terribles dangers,
et nous renouvelons
des honneurs mérités.
Déjà d'abord
regarde cette roche
suspendue par *ses* rochers :
comme *ses* masses *sont* dispersées au loin,
et *comme* la demeure de la montagne
se tient (est) déserte,
et *comme* les rochers
ont entraîné une immense ruine.
Là fut une caverne,
retirée par un vaste enfoncement,
laquelle inaccessible
aux rayons du soleil
la face cruelle de Cacus
moitié-homme *moitié bête*
occupait (habitait) ;
et toujours le sol était-tiède
d'un carnage récent ;
et attachées aux portes superbes
des têtes d'hommes pendaient
pâles d'un pus horrible.
Vulcain était père
à (de) ce monstre ;
vomissant de *sa* bouche
les feux noirs de lui (de Vulcain),
Cacus se portait (s'avançait)
avec une grande masse.
L'âge (le temps) apporta enfin
à nous aussi *le* souhaitant
le secours
et l'arrivée d'un dieu :
car Alcide,
le très-grand vengeur *des crimes*,
fier de la mort et des dépouilles
de Géryon triple (aux trois corps),
était-présent,
et vainqueur conduisait par ici
de grands taureaux ;

Ingentes; vallemque boves amnemque tenebant.

At furiis Caci mens effera, ne quid inausum   205
Aut intractatum scelerisve dolive fuisset,
Quatuor a stabulis præstanti corpore tauros
Avertit, totidem forma superante juvencas;
Atque hos, ne qua forent pedibus vestigia rectis
Cauda in speluncam tractos, versisque viarum   210
Indiciis raptos, saxo occultabat opaco.
Quærenti nulla ad speluncam signa ferebant.

  « Interea, quum jam stabulis saturata moveret
Amphitryoniades armenta abitumque pararet,
Discessu mugire boves, atque omne querelis   215
Impleri nemus, et colles clamore relinqui.
Reddidit una boum vocem, vastoque sub antro
Mugiit, et Caci spem custodita fefellit.
Hic vero Alcidæ furiis exarserat atro
Felle dolor : rapit arma manu, nodisque gravatum   220

troupeaux couvraient la vallée et les rives du fleuve. A cette vue,
Cacus, poussé par les Furies, Cacus, pour ne point laisser quelque
crime ou quelque perfidie qu'il n'eût tenté, enlève des pâturages
quatre taureaux superbes, et autant de génisses des plus belles. Mais
de peur d'être trahi par la trace de leurs pas portés en avant, il les
saisit par la queue, les entraîne en reculant pour renverser les in-
dices de leur route, et les cache dans les flancs de sa roche téné-
breuse. Aucun signe ne menait à la caverne ceux qui les cherchaient.

  « Cependant Alcide, rassemblant déjà son troupeau engraissé dans
nos pâturages, se préparait à les quitter, quand tout à coup, au moment du départ, les bœufs commencent à mugir et font retentir de
leurs plaintes et les bois et les coteaux qu'ils abandonnent. Une des
génisses captives, répondant à leur voix, mugit au fond de l'antre où
elle est prisonnière, et trahit ainsi le larcin et l'espoir de Cacus. Aussitôt
dans le cœur d'Alcide s'allume un noir courroux : il saisit ses armes,

hoves tenebant	ses bœufs occupaient
vallemque amnemque.	et la vallée et le fleuve.
At mens Caci	Mais l'esprit de Cacus
effera furiis,	transporté par les furies,
ne quid	de peur que quelque chose
scelerisve dolive	ou de crime ou de ruse
fuisset inausum	n'eût été non-osé
aut intractatum,	ou non-commis *par lui*,
avertit a stabulis	détourne des pâturages
quatuor tauros	quatre taureaux
corpore præstanti,	d'un corps remarquable,
totidem juvencas	autant de génisses
forma superante;	d'une forme (beauté) supérieure;
atque,	et,
ne qua vestigia forent,	de peur que quelques vestiges ne fussent,
pedibus	les pieds
rectis,	*étant* droits (marchant dans le bon sens),
occultabat saxo opaco	il cachait par *son* rocher obscur
hos tractos cauda	ces *taureaux* tirés par la queue
in speluncam,	dans *son* antre,
raptosque	et entraînés [pas)
indiciis viarum	les indices de la route (les traces de leurs
versis.	*étant* changés (tournés en sens contraire).
Quærenti	A celui-qui-cherchait
nulla signa ferebant	aucuns signes ne portaient
ad speluncam.	vers la caverne.
« Interea, quum jam	« Cependant, lorsque déjà
Amphitryoniades	le fils-d'Amphitryon
moveret	mettait-en-marche
stabulis	*en les retirant* des pâturages
armenta saturata	*ses* troupeaux repus
pararetque abitum,	et préparait *son* départ,
discessu	à l'éloignement (en s'éloignant)
boves mugire,	les bœufs *commencèrent à* mugir,
atque omne nemus	et toute la forêt
impleri querelis,	*à* être remplie de *leurs* plaintes,
et colles relinqui clamore.	et les collines *à* être quittées avec cris.
Una boum	L'une des génisses
reddidit vocem,	répéta la voix (répondit),
mugiitque sub antro vasto,	et mugit sous l'antre vaste,
et custodita	et gardée
fefellit spem Caci.	trompa l'espoir de Cacus.
Hic vero dolor	Mais alors le ressentiment
exarserat furiis	s'était allumé avec fureur
felle atro Alcidæ:	dans le fiel noir d'Alcide:
rapit arma manu,	il saisit *ses* armes de *sa* main,
roburque	et *son* chêne (sa massue)

Robur, et aerii cursu petit ardua montis.
Tum primum nostri Cacum videre timentem
Turbatumque oculis : fugit ilicet ocior Euro,
Speluncamque petit; pedibus timor addidit alas.
Ut sese inclusit, ruptisque immane catenis   225
Dejecit saxum, ferro quod et arte paterna
Pendebat, fultosque emuniit objice postes,
Ecce furens animis aderat Tirynthius, omnemque
Accessum lustrans, huc ora ferebat et illuc,
Dentibus infrendens. Ter totum fervidus ira   230
Lustrat Aventini montem; ter saxea tentat
Limina nequidquam : ter fessus valle resedit.
Stabat acuta silex, præcisis undique saxis,
Speluncæ dorso insurgens, altissima visu,
Dirarum nidis domus opportuna volucrum.   235
Hanc, ut prona jugo lævum incumbebat ad amnem,
Dexter in adversum nitens concussit, et imis
Avulsam solvit radicibus ; inde repente
Impulit : impulsu quo maximus insonat æther,
Dissultant ripæ, refluitque exterritus amnis.   240

sa massue hérissée de nœuds, et s'élance à la course vers la cime
aérienne de la montagne. Alors, pour la première fois, nous vîmes
Cacus tremblant et l'effroi dans les yeux. Il fuit plus prompt que
l'Eurus et gagne sa caverne ; la peur lui donnait des ailes. Dès qu'il
est entré, il brise les chaînes de fer, ouvrage de son père, qui sou-
tenaient en l'air une roche énorme, et fortifie de ce roc abattu l'antre
où il s'enferme. Mais voici que le héros de Tirynthe arrive enflammé
de fureur, cherchant partout un accès, portant çà et là ses regards,
et grinçant des dents. Trois fois, bouillant de colère, il fait le tour
du mont Aventin; trois fois il tente vainement d'ébranler les portes
de roc de la caverne; trois fois, lassé d'un vain effort, il se repose
dans la vallée. Sur la croupe de la montagne s'élevait une roche aiguë, taillée à pic de tous côtés. Sa base posait sur le dos de la caverne et sa cime s'allongeait à perte de vue : elle offrait un sauvage
asile aux oiseaux de proie. Son sommet incliné penchait à gauche
vers le fleuve : Hercule, appuyant du côté opposé de tout l'effort de
ses robustes épaules, l'ébranle, la détache de ses profondes racines,
et la précipite : elle tombe ; les vastes cieux en retentissent, le rivage
tremble et s'affaisse, le fleuve épouvanté recule vers sa source. Alors

gravatum nodis,
et petit cursu
ardua montis aerii.
Tum primum nostri
videre Cacum
timentém,
turbatumque oculis :
fugit ilicet ocior Euro,
petitque speluncam ;
timor addidit alas pedibus.
Ut sese inclusit,
catenisque ruptis
dejecit immane saxum,
quod pendebat
ferro et arte paterna,
emuniitque postes
fultos objice,
ecce Tirynthius aderat
furens animis,
lustransque
omnem accessum,
ferebat ora huc et illuc,
infrendens dentibus.
Ter fervidus ira
lustrat
totum montem Aventini ;
ter tentat nequidquam
limina saxea :
ter fessus resedit valle.
Silex acuta stabat,
saxis præcisis undique,
insurgens dorso speluncæ,
altissima visu,
domus opportuna
nidis volucrum dirarum.
Ut prona jugo
incumbebat
ad amnem lævum,
dexter
nitens in adversum
concussit hanc,
et solvit
avulsam radicibus imis ;
inde impulit repente :
quo impulsu
maximus æther insonat,
ripæ dissultant,

rendue-pesante par des nœuds
et gagne à la course
les *lieux* élevés de la montagne aérienne.
Alors pour-la-première-fois les nôtres
virent Cacus
craignant,
et troublé dans *ses* yeux (les yeux effarés) :
il fuit donc plus agile que l'Eurus,
et gagne la caverne ;
la peur a ajouté des ailes à *ses* pieds.
Dès qu'il se fut enfermé,
et *que*, les chaînes étant rompues,
il eut fait-tomber un énorme rocher,
qui était-suspendu
à l'aide du fer et de l'art de-son-père,
et *qu'il* eut fortifié les portes   [*cher*,
soutenues par l'obstacle *que formait le ro*-
voilà que le *héros* de-Tirynthe arrivait
transporté de courroux,
et parcourant *du regard*
tout accès,
il portait *ses* yeux ici et là,
grinçant des dents.
Trois-fois bouillant de colère
il parcourt
toute la montagne de l'Aventin ;
trois-fois il essaye vainement *d'ébranler*
le seuil formé-de-rochers :
trois-fois fatigué il s'assit dans la vallée.
Une roche aiguë se dressait,
les rochers étant taillés-à-pic de tous côtés,
s'élevant sur le dos de la caverne,
très-haute à être vue,
demeure propice
aux nids des oiseaux cruels (de proie).
Comme penchée sur la pente
elle inclinait
vers le fleuve *situé*-à-gauche,
se-tenant-à-droite
faisant-effort vers le *côté* opposé
il ébranla cette *roche*,
et *la* détacha
arrachée de *ses* racines les plus profondes;
puis il *la* poussa tout à coup :
de laquelle impulsion
le très-vaste éther retentit,
les rives bondissent,

At specus et Caci detecta apparuit ingens
Regia, et umbrosæ penitus patuere cavernæ :
Non secus ac si qua penitus vi terra dehiscens
Infernas reseret sedes, et regna recludat
Pallida, dis invisa, superque immane barathrum   245
Cernatur, trepidentque, immisso lumine, Manes.
    « Ergo insperata deprensum in luce repente,
Inclusumque cavo saxo, atque insueta rudentem
Desuper Alcides telis premit, omniaque arma
Advocat, et ramis vastisque molaribus instat.   250
Ille autem, neque enim fuga jam super ulla pericli,
Faucibus ingentem fumum, mirabile dictu!
Evomit, involvitque domum caligine cæca,
Prospectum eripiens oculis, glomeratque sub antro
Fumiferam noctem, commixtis igne tenebris.   255
Non tulit Alcides animis, seque ipse per ignem
Præcipiti injecit saltu, qua plurimus undam
Fumus agit, nebulaque ingens specus æstuat atra.

parut à découvert l'antre immense, l'effroyable palais de Cacus, alors
la lumière en éclaira pour la première fois les sombres profondeurs.
Tel se montrerait le Tartare, si la terre, déchirée par quelque vio-
lente secousse et s'entr'ouvrant jusqu'en ses abîmes, découvrait à
nos regards les demeures infernales, les pâles royaumes abhorrés des
dieux mêmes : l'œil, plongeant dans le gouffre immense, verrait les
Mânes s'épouvanter des soudaines clartés du jour.
    « Surpris tout à coup par cette lumière inattendue, et prisonnier
dans son antre, Cacus pousse d'affreux rugissements : du haut du
mont, Alcide l'accable de ses traits, se fait des armes de tout, et lance
à la fois pour l'écraser de gigantesques troncs d'arbres, d'énormes
éclats de rochers. Mais lui, à qui il ne reste plus aucun moyen de
se soustraire au péril, ô prodige! vomit de son gosier des torrents
de fumée, enveloppe son repaire d'immenses ténèbres qui le dérobent
à la vue de son ennemi, et, sous les voûtes de son antre, mêle aux
noires vapeurs qu'il entasse les éclairs de la flamme. Alcide ne con-
tient plus sa rage, et d'un bond il se précipite à travers les feux, là
où la fumée roule ses tourbillons les plus épais, où bouillonnent dans
la vaste caverne ses flots les plus sombres. Il saisit dans l'ombre

amnisque exterritus refluit.
At specus
et ingens regia Caci
apparuit detecta,
et umbrosæ cavernæ
patuere penitus :
non seçus ac si terra
dehiscens penitus
qua vi
reseret sedes infernas,
et recludat pallida regna,
invisa dis,
superque
immane barathrum
cernatur,
Manesque trepident,
lumine immisso.

« Ergo Alcides
premit telis desuper
deprensum repente
in luce insperata,
inclusumque saxo cavo,
atque rudentem insueta,
advocatque omnia arma,
et instat ramis
vastisque molaribus.
Ille autem,
neque enim ulla fuga
pericli
jam super,
evomit faucibus
ingentem fumum,
mirabile dictu !
involvitque domum
caligine cæca,
eripiens oculis prospectum,
glomeratque sub antro
noctem fumiferam,
tenebris commixtis igne.
Alcides non tulit animis,
ipseque se injecit per ignem
saltu præcipiti,
qua fumus
plurimus
agit undam,
ingensque specus
æstuat nebula atra.

et le fleuve épouvanté coule-en-arrière.
Mais l'antre
et l'immense palais de Cacus
apparut mis-à-découvert,
et les sombres cavernes
furent-visibles jusqu'au-fond.
non autrement que si la terre
se fendant jusqu'au-fond
par quelque force
ouvrait les demeures infernales,
et découvrait les pâles royaumes,
odieux aux dieux,
et que d'en haut
l'immense gouffre
fût vu,
et que les Mânes fussent-en-émoi,
la lumière étant introduite chez eux.

« En conséquence Alcide
accable de traits d'en haut
Cacus saisi tout à coup
au milieu d'une lumière inattendue,
et enfermé dans le rocher creux,
et rugissant d'une-manière-inaccoutumée,
et il fait-appel (a recours) à toutes armes,
et le presse avec des branches
et d'énormes pierres-meulières.
Mais lui,
et en effet aucune fuite
du danger (nul moyen de le fuir)
n'est déjà plus de-reste (ne lui reste plus),
vomit de son gosier
une énorme fumée,
prodige étonnant à être dit !
et enveloppe la demeure
d'un nuage obscur,
dérobant aux yeux la vue,
et fait-tourbillonner sous (dans) l'antre
une nuit qui-répand-de-la-fumée,
les ténèbres étant mêlées de feu.
Alcide ne le supporta pas dans sa colère,
et lui-même se jeta dans le feu
d'un saut précipité,
dans l'endroit par où la fumée
la plus abondante
pousse son tourbillon,
et où l'immense caverne
bouillonne d'une nuée noire.

Hic Cacum in tenebris incendia vana vomentem
Corripit in nodum complexus, et angit inhærens   260
Elisos oculos, et siccum sanguine guttur.
Panditur extemplo foribus domus atra revulsis ;
Abstractæque boves abjuratæque rapinæ
Cœlo ostenduntur; pedibusque informe cadaver
Protrahitur : nequeunt expleri corda tuendo   265
Terribiles oculos, vultum, villosaque setis
Pectora semiferi, atque exstinctos faucibus ignes.
   « Ex illo celebratus honos, lætique minores
Servavere diem ; primusque Potitius auctor,
Et domus Herculei custos Pinaria sacri   270
Hanc aram luco statuit, quæ maxima semper
Dicetur nobis, et erit quæ maxima semper.
Quare agite, o juvenes, tantarum in munere laudum
Cingite fronde comas, et pocula porgite ¹ dextris,
Communemque vocate deum, et date vina volentes. »   275
Dixerat; Herculea bicolor quum populus umbra
Velavitque comas, foliisque innexa pependit,

Cacus vomissant en vain ses flammes ; il l'enlace, il l'étreint des
nœuds puissants de ses bras, et, le serrant à la gorge, il fait jaillir
ses yeux de leurs orbites et arrête le sang et la vie dans son gosier
desséché. Aussitôt les portes de l'antre sont arrachées, la noire
demeure s'ouvre : alors les génisses volées et les rapines niées par le
brigand parjure sont dévoilées au jour. On traîne par les pieds hors
de l'antre le difforme cadavre : on ne peut se lasser de regarder ces
yeux terribles, ces traits hideux, cette poitrine velue du monstre, et
cette bouche dont les feux sont éteints.

  « De là cette fête en l'honneur d'Hercule, et ce joyeux anniver-
saire conservé par nos peuples reconnaissants. Potitius, premier
fondateur du nouveau culte, et la famille Pinaria, gardienne de
ce rite herculéen, ont érigé dans ce bois cet autel appelé très-grand,
et qui sera toujours pour nous le plus grand des autels. Prenez
donc part à cette fête, ô jeunes guerriers, et pour célébrer avec nous
les bienfaits du héros, couronnez vos têtes de feuillage ; saisissez la
coupe, invoquez un dieu qui sera celui des deux nations, et faites
couler pour lui les flots d'un vin pur. » Il dit, et couvre son front du
peuplier d'Hercule, dont le feuillage à deux couleurs s'entrelace au-

Hic corripit in tenebris
Cacum vomentem
incendia vana
complexus in nodum,
et inhærens
angit oculos elisos,
et guttur siccum sanguine.
Extemplo
atra domus panditur
foribus revulsis ;
bovesque abstractæ
rapinæque abjuratæ
ostenduntur cœlo ;
cadaverque informe
protrahitur pedibus :
corda nequeunt expleri
tuendo oculos terribiles,
vultum,
pectoraque villosa setis
semiferi,
atque ignes exstinctos
faucibus.

« Ex illo
honos celebratus,
minoresque læti
servavere diem ;
Potitiusque primus auctor,
et domus Pinaria
custos sacri Herculei
statuit luco hanc aram,
quæ dicetur semper
maxima nobis,
et quæ erit semper
maxima.
Quare agite, o juvenes,
in munere
tantarum laudum
cingite comas fronde,
et porgite pocula dextris,
vocateque
deum communem,
et date vina volentes. »
Dixerat ;
quum populus bicolor
velavitque comas
umbra Herculea,
innexaque

Alors il saisit dans les ténèbres
Cacus qui vomissait
des incendies (des feux) sans-effet
l'ayant embrassé en *manière de* nœud,
et s'attachant-à *lui*
il serre *ses* yeux sortis *de leur orbite,*
et *son* gosier sec de sang.
Aussitôt
la noire demeure est ouverte
les portes étant arrachées ;
et les génisses détournées
et les rapines niées-avec-serment
sont montrées au ciel ;
et le cadavre informe *de Cacus*
est traîné-dehors par les pieds :
les cœurs ne peuvent être rassasiés
en contemplant les yeux terribles,
le visage,
et la poitrine velue de poils
de *Cacus moitié homme* moitié-bête,
et les feux éteints
dans *son* gosier.

« Depuis ce *temps*
une fête *a été* célébrée,
et les descendants joyeux
ont observé *ce* jour ;
et Potitius le premier fondateur
et la famille Pinaria
gardienne du *rite* sacré d'-Hercule
ont établi dans *ce* bois cet autel,
qui sera dit toujours
très-grand pour nous,
et qui sera toujours
très-grand.
Ainsi allons, ô jeunes-guerriers,
en honneur
de telles louanges (bienfaits)
ceignez *vos* chevelures de feuillage,
et tendez des coupes dans *vos* droites
et invoquez
le dieu commun,
et donnez du vin *le* voulant. »
Il avait dit ;
lorsque le peuplier à-deux-couleurs
et voila *sa* chevelure
de l'ombre consacrée-à-Hercule,
et noué *autour de sa tête*

2.

Et sacer implevit dextram scyphus : ocius omnes
In mensam læti libant, divosque precantur.
   Devexo interea propior fit Vesper Olympo ;   280
Jamque sacerdotes primusque Potitius ibant
Pellibus in morem cincti , flammasque ferebant.
Instaurant epulas , et mensæ grata secundæ
Dona ferunt, cumulantque oneratis lancibus aras.
Tum Salii ad cantus, incensa altaria circum ,   285
Populeis adsunt evincti tempora ramis ;
Hic juvenum chorus, ille senum, qui carmine laudes
Herculeas et facta ferunt : ut prima novercæ
Monstra manu geminosque premens eliserit angues ;
Ut bello egregias idem disjecerit urbes,   290
Trojamque, Œchaliamque [1] ; ut duros mille labores
Rege sub Eurystheo, fatis Junonis iniquæ,
Pertulerit. « Tu nubigenas, invicte, bimembres,
Hylæumque Pholumque manu, tu Cresia mactas
Prodigia, et vastum Nemea sub rupe leonem ;   295

tour de sa tête. Il saisit la coupe sacrée, et tous aussitôt, pleins
d'allégresse, rougissent la table du vin des libations, en invoquant
les dieux.
   Cependant l'étoile du soir commençait à monter à l'horizon, et
déjà les prêtres, ayant Potitius à leur tête, s'avançaient, vêtus de
peaux, suivant l'usage antique , et portant des flambeaux. Le festin
recommence : les secondes tables se chargent de mets succulents, et
l'on couvre les autels de bassins remplis d'offrandes. Alors les Saliens, le front ceint de rameaux de peuplier, se lèvent pour chan-
ter, et entourent les brasiers où fume l'encens. Ici est le chœur des
jeunes gens, là celui des vieillards. Ils célèbrent dans leurs hymnes
les louanges et les faits immortels d'Alcide ; ils disent comment de
ses jeunes mains il étouffa deux serpents, premiers monstres que
lui suscita sa marâtre ; comment tombèrent sous ses coups les murs
superbes de Troie et d'Œchalie ; comment, soumis à Eurysthée par
l'injuste décret de Junon, il sortit triomphant de mille travaux formidables. « C'est toi, héros invincible, qui immolas de ta main les
centaures à doubles membres, Hylée et Pholus, enfants de la nue ;
toi qui terrassas et le monstre de Crète et l'énorme lion de la roche

pependit foliis,	pendit par *ses* feuilles,
et scyphus sacer	et la coupe sacrée
implevit dextram :	remplit *sa* droite :
ocius omnes læti	aussitôt tous joyeux
libant in mensam,	versent-des-libations sur la table,
precanturque divos.	et prient les dieux.
Interea, Olympo devexo,	Cependant, l'Olympe s'étant incliné,
Vesper fit propior ;	Vesper devient plus proche ;
jamque sacerdotes	et déjà les prêtres
Potitiusque primus	et Potitius le premier
ibant	allaient
cincti pellibus in morem,	ceints de peaux selon la coutume,
ferebantque flammas.	et apportaient des flammes.
Instaurant epulas,	Ils reposent les mets,
et ferunt dona grata	et apportent les dons agréables
secundæ mensæ,	de la seconde table,
cumulantque aras	et comblent (couvrent) les autels
lancibus oneratis.	de bassins chargés.
Tum Salii	Alors les Saliens
adsunt ad cantus	se présentent pour les chants
circum altaria incensa,	autour des autels embrasés,
evincti tempora	attachés autour des tempes
ramis populeis ;	de rameaux de-peuplier ;
hic chorus juvenum,	ce chœur *est celui* des jeunes-gens,
ille senum,	celui-là *le chœur* des vieillards,
qui ferunt carmine	qui rapportent dans *leur* chant
laudes Herculeas et facta :	les louanges d'-Hercule et *ses hauts* faits :
ut eliserit premens manu	comme il étouffa en *les* serrant de *sa* main
prima monstra	les premiers monstres
novercæ,	de (envoyés par) *sa* marâtre,
geminosque angues ;	et (c'est-à-dire) les deux serpents ;
ut idem	comme le même (lui encore)
disjecerit bello	abattit par la guerre
urbes egregias,	des villes superbes,
Trojamque,	et Troie,
OEchaliamque ;	et OEchalie ;
ut pertulerit	comme il supporta
mille duros labores	mille pénibles travaux
sub rege Eurystheo,	sous le roi Eurysthée,
fatis	d'après les destins (les ordres)
Junonis iniquæ.	de Junon ennemie.
« Tu, invicte,	« Toi, *héros* invaincu,
mactas manu	tu immoles de *ta* main
Hylæumque Pholumque,	et Hylée et Pholus,
nubigenas bimembres,	enfants-des-nuages à-doubles-membres,
tu prodigia Cresia,	tu *immoles* les monstres de-Crète,
et vastum leonem	et l'immense lion

Te Stygii tremuere lacus, te janitor Orci
Ossa super recubans antro semesa cruento.
Nec te ullæ facies, non terruit ipse Typhœus
Arduus, arma tenens; non te rationis egentem
Lernæus turba capitum circumstetit anguis.   300
Salve, vera Jovis proles, decus addite divis,
Et nos, et tua dexter adi pede sacra secundo! »
Talia carminibus celebrant; super omnia Caci
Speluncam adjiciunt, spirantemque ignibus ipsum.
Consonat omne nemus strepitu, collesque resultant.   305
    Exin se cuncti divinis rebus ad urbem
Perfectis referunt. Ibat rex obsitus ævo,
Et comitem Ænean juxta natumque tenebat
Ingrediens, varioque viam sermone levabat.
Miratur, facilesque oculos fert omnia circum   310
Æneas, capiturque locis, et singula lætus
Exquiritque auditque virum monumenta priorum.

de Némée. Devant toi tremblèrent les noirs marais du Styx, et tu
épouvantas le gardien des enfers, Cerbère, couché dans son antre
sanglant sur un tas d'os à demi rongés. Aucun monstre jamais
ne t'effraya, pas même Typhée, haut comme les nues et les armes à
la main. Tu vis sans te troubler l'hydre de Lerne dresser autour de
toi ses cent têtes menaçantes. Salut, vrai sang de Jupiter, nouvel or-
nement de l'Olympe! Viens, propice à nos vœux, favoriser de ta
présence et nous et la fête qui t'est consacrée. » Tel est le sujet de
leurs hymnes; à toutes ces merveilles ils ajoutent et la caverne de
Cacus, et Cacus lui-même vomissant des flammes. Tout le bois retentit du bruit de leurs chants, et les collines au loin les répètent.

    Les cérémonies achevées, tous regagnent la ville. Appesanti par
l'âge, le roi marchait appuyé sur Énée et sur son fils Pallas, et par
ses entretiens variés abrégeait la longueur du chemin. Énée, charmé
de la beauté des lieux, promène autour de lui ses regards satisfaits.
Il aime à s'informer de tout, il interroge, il écoute et recueille les
traditions sur les monuments des siècles passés. Alors le roi Évan-

sub rupe Nemea;	sous la roche de-Némée ;
lacus Stygii	les marais du-Styx
te tremuere,	t'ont vu-avec-épouvante,
janitor Orci	le portier de l'Orcus
recubans super ossa semesa	couché sur des os à-demi-rongés
antro cruento	dans *son* antre ensanglanté
te.	*t'a vu avec épouvante.* [*effrayé,*
Nec ullæ facies,	Et aucunes formes *de monstres* ne *t'ont*
Typhœus ipse arduus,	Typhée lui-même de-haute-taille,
tenens arma,	tenant des armes,
non terruit te ;	n'a pas effrayé toi;
anguis Lernœus	le serpent de-Lerne
non circumstetit	n'a pas entouré
turba capitum	de la multitude de *ses* têtes
te egentem rationis.	toi dépourvu de raison (de sang froid).
Salve, vera proles Jovis,	Salut, véritable race de Jupiter,
addite divis decus,	*héros* ajouté aux dieux *comme* une gloire,
et dexter	et à-droite (propice)
adi pede secundo	viens-visiter d'un pied favorable
nos et tua sacra! »	nous et tes *fêtes* sacrées! »
Celebrant talia	Ils célèbrent de tels *exploits*
carminibus ;	dans *leurs* vers ;
adjiciunt super omnia	ils ajoutent au-dessus de (après) tout
speluncam Caci,	la caverne de Cacus,
ipsumque	et lui-même
spirantem ignibus.	soufflant-son-haleine avec des feux.
Omne nemus	Toute la forêt
consonat strepitu,	retentit du bruit,
collesque resultant.	et les collines *en* rebondissent.
Exin,	Ensuite,
rebus divinis perfectis,	les choses divines étant accomplies,
cuncti se referunt	tous se rapportent (reviennent)
ad urbem.	à la ville.
Rex ibat obsitus ævo,	Le roi s'avançait accablé par l'âge,
et ingrediens	et en marchant
tenebat juxta	tenait auprès de *lui*
Æneanm comitem	Enée *comme* compagnon
natumque,	et *son* fils,
levabatque viam	et allégeait *les fatigues* de la route
sermone vario.	par un entretien varié.
Æneas miratur,	Enée admire,
fertque circum omnia	et porte autour de toutes choses
oculos faciles,	des yeux faciles (mobiles),
capiturque locis,	et est séduit par les lieux
et lætus	et joyeux
exquiritque auditque	et il demande et il écoute
singula monumenta	chaque monument (souvenir)

Tum rex Evandrus, Romanæ conditor arcis :
« Hæc nemora indigenæ fauni nymphæque tenebant,
Gensque virum truncis et duro robore ¹ nata :   345
Quis neque mos neque cultus erat; nec jungere tauros ,
Aut componere opes norant, aut parcere parto ;
Sed rami, atque asper victu venatus alebat.
Primus ab æthereo venit Saturnus Olympo,
Arma Jovis fugiens, et regnis exsul ademptis.   320
Is genus indocile ac dispersum montibus altis
Composuit, legesque dedit, Latiumque vocari
Maluit, his quoniam latuisset tutus in oris.
Aurea quæ perhibent, illo sub rege fuerunt
Sæcula; sic placida populos in pace regebat!   325
Deterior donec paulatim ac decolor ætas,
Et belli rabies, et amor successit habendi.
Tum manus Ausonia, et gentes venere Sicanæ;
Sæpius et nomen posuit Saturnia tellus :
Tum reges, asperque immani corpore Thybris,   330

dre, le fondateur de la puissante Rome, lui dit : « Des faunes indi-
gènes, des nymphes habitaient jadis ces forêts ; là, vivait une race
d'hommes nés du tronc dur des chênes, sans mœurs et sans lois. Ils
ne savaient ni soumettre au joug les taureaux , ni amasser des provi-
sions, ni ménager ce qu'ils avaient acquis. Des fruits sauvages, le
produit d'une chasse pénible étaient leur seule nourriture. Chassé de
l'Olympe et fuyant les armes victorieuses de Jupiter, Saturne vint
le premier dans ces contrées, après la perte de son trône céleste. Il
rassembla ces peuplades indociles et dispersées sur les hautes montagnes, leur donna des lois, et se plut à nommer Latium les lieux où
il s'était caché et où il avait trouvé une retraite sûre. On appelle
son règne l'âge d'or, tant les peuples vivaient heureux sous son paisible empire. Mais par degrés, prenant la place de ces jours d'innocence, des jours moins purs, un siècle déja pâlissant, succédèrent, et
avec eux vinrent et la rage de la guerre et la fureur d'acquérir. Alors
parurent les bandes Ausoniennes et les fiers Sicaniens, et la terre de
Saturne changea souvent de nom. Enfin elle eut des rois ; elle fut
soumise au farouche Thybris, géant énorme. De son nom les Ita-

virum priorum.	des hommes d'-auparavant.
Tum rex Evandrus,	Alors le roi Evandre,
conditor arcis Romanæ :	fondateur de la citadelle **Romaine** :
« Fauni indigenæ	« Des faunes indigènes,
nymphæque,	et des nymphes,
tenebant hæc nemora,	occupaient ces forêts,
gensque virum	et une race d'hommes
nata truncis	née des troncs
et robore duro :	et du rouvre dur :
quis erat neque mos,	auxquels n'était ni loi,
neque cultus ;	ni culture ;
nec norant	et ils ne savaient pas
jungere tauros,	atteler les taureaux,
aut componere opes,	ou entasser des richesses,
aut parcere parto ;	ou épargner le *bien* acquis ;
sed rami,	mais les branches (les arbres),
atque venatus asper	et la chasse pénible
alebat	*les* nourrissaient
victu.	par la subsistance *qu'ils leur donnaient.*
Saturnus primus	Saturne le premier
venit ab Olympo æthereo,	vint de l'Olympe éthéré,
fugiens arma Jovis,	fuyant les armes de Jupiter,
et exsul, regnis ademtis.	et exilé, *son* royaume *lui* étant ravi.
Is composuit	Il réunit
genus indocile	*cette* race indocile
ac dispersum	et dispersée
altis montibus,	sur les hautes montagnes,
deditque leges,	et *lui* donna des lois,
maluitque vocari Latium,	et aima-mieux *le pays* être appelé Latium,
quoniam latuisset tutus	parce qu'il avait été caché sûr (en sûreté)
in his oris.	sur ces bords.
Sæcula,	Les siècles,
quæ perhibent aurea,	que *les hommes* appellent d'-or,
fuerunt sub illo rege ;	furent sous ce roi ;
sic regebat populos	ainsi (tellement) il gouvernait *ses* peuples
in pace placida !	dans une paix tranquille !
Donec successit paulatim	Jusqu'à ce que vint-à-la-place peu à peu
ætas deterior ac decolor,	un âge pire et d'une-autre-couleur,
et rabies belli,	et la rage de la guerre,
et amor habendi.	et le désir de posséder.
Tum manus Ausonia,	Alors la troupe Ausonienne *vint*,
et gentes Sicanæ venere ;	et les nations Sicanes vinrent ;
et tellus Saturnia	et la terre de-Saturne
posuit sæpius nomen :	déposa (changea) plus souvent *son* nom :
tum reges.	alors *furent* des rois,
asperque Thybris	et le redoutable Thybris
corpore immani,	au corps énorme,

A quo post Itali fluvium cognomine Thybrim
Diximus; amisit verum vetus Albula nomen.
Me pulsum patria, pelagique extrema sequentem
Fortuna omnipotens et ineluctabile fatum
His posuere locis, matrisque egere tremenda   335
Carmentis nymphæ monita, et deus auctor Apollo. »

    Vix ea dicta; dehinc progressus monstrat et aram
Et Carmentalem Romano nomine portam
Quam memorant, nymphæ priscum Carmentis honorem,
Vatis fatidicæ, cecinit quæ prima futuros   340
Æneadas magnos, et nobile Pallanteum.
Hinc lucum ingentem, quem Romulus acer Asylum
Retulit, et gelida monstrat sub rupe Lupercal,
Parrhasio dictum Panos de more Lycæi.
Nec non et sacri monstrat nemus Argileti [1],   345
Testaturque locum, et letum docet hospitis Argi.
Hinc ad Tarpeiam sedem et Capitolia ducit,

liens ont nommé Tibre notre fleuve, longtemps appelé Albula, qui
ainsi a perdu son premier nom. Pour moi, banni de ma patrie, er-
rant sur des mers lointaines, la fortune toute-puissante et l'inévi-
table destin m'ont porté sur ces bords, où j'étais conduit par les avertissements révérés de la nymphe Carmente, ma mère, et par les
oracles d'Apollon. »

Il dit, et, poursuivant son chemin, il montre à Énée et l'autel, et
la porte que les Romains ont nommée Carmentale en l'honneur de
la nymphe Carmente, antique prophétesse qui, la première, an-
nonça la grandeur future des descendants d'Énée, et la gloire des
murs de Pallas. Il lui montre ensuite l'immense forêt où l'ardent
Romulus établit un asile, et, sous un roc glacé, le Lupercal, nom
emprunté à l'Arcadie, où le dieu Pan est appelé Lycéen. Il lui fait voir
aussi le bois sacré d'Argilète, et, prenant le lieu même à témoin de
son innocence, il raconte la juste mort d'Argus, son hôte perfide.
De là il le conduit à la roche Tarpéienne et au futur Capitole, bril-

a quo cognomine post | du quel nom ensuite
Itali | *nous* Italiens
diximus fluvium Thybrim; | nous avons appelé le fleuve Tibre ;
vetus Albula | la vieille Albula
amisit verum nomen. | perdit *son* vrai nom.
Fortuna omnipotens | La fortune toute-puissante
et ineluctabile fatum | et l'inévitable destin
posuere his locis | ont déposé en ces lieux
me pulsum patria, | moi chassé de *ma* patrie,
sequentemque | et recherchant [taine),
extrema pelagi, | les extrémités de la mer (une mer loin-
monitaque tremenda | et les avertissements redoutables
nymphæ Carmentis | de la nymphe Carmente
matris, | *ma* mère,
et deus Apollo auctor | et le dieu Apollon conseiller
egere. » | *m'ont* conduit *ici*. »
Vix ea dicta; | A peine ces *paroles étaient* dites;
dehinc progressus, | puis marchant-en-avant,
monstrat et aram, | il montre *à Énée* et l'autel,
et portam quam memorant | et la porte qu'on appelle
Carmentalem | Carmentale
nomine Romano, | d'un nom Romain,
priscum honorem | ancien honneur
nymphæ Carmentis, | de la nymphe Carmente,
vatis fatidicæ, | prophétesse qui-disait-les-destins,
quæ prima cecinit | qui la première chanta (annonça)
Æneadas | les descendants-d'Enée
futuros magnos, | devant être grands,
et Pallanteum nobile. | et Pallantée fameuse.
Hinc monstrat | De là (puis) il *lui* montre
lucum ingentem, | un bois vaste,
quem acer Romulus | que le bouillant Romulus
retulit Asylum, | redit (appela) Asyle,
et sub rupe gelida | et sous une roche froide
Lupercal, | le Lupercal,
dictum | dit (appelé)
de more Parrhasio | d'après la coutume (l'exemple) Parrhasien
Panos Lycæi. | de Pan Lycéen.
Nec non et monstrat | Et il *lui* montre aussi
nemus Argileti sacri, | la forêt d'Argilète sacrée,
testaturque locum, | et prend-à-témoin *de son innocence* le lieu,
et docet letum | et enseigne *à Enée* la mort
Argi hospitis. | d'Argus *son* hôte.
Hinc ducit | Puis il *le* conduit
ad sedem Tarpeiam | à la demeure Tarpéienne
et Capitolia, | et au Capitole,
aurea nunc, | orné-d'or à présent,

Aurea nunc, olim silvestribus horrida dumis.
Jam tum religio pavidos terrebat agrestes
Dira loci; jam tum silvam saxumque tremebant.   350
« Hoc nemus, hunc, inquit, frondoso vertice collem,
Quis deus, incertum est, habitat deus. Arcades ipsum
Credunt se vidisse Jovem, quum sæpe nigrantem
Ægida concuteret dextra, nimbosque cieret.
Hæc duo præterea disjectis oppida muris,   355
Reliquias veterumque vides monumenta virorum.
Hanc Janus pater, hanc Saturnus condidit arcem :
Janiculum huic, illi fuerat Saturnia nomen. »
    Talibus inter se dictis ad tecta subibant
Pauperis Evandri, passimque armenta videbant   360
Romanoque foro et lautis mugire Carinis.
Ut ventum ad sedes : « Hæc, inquit, limina victor
Alcides subiit; hæc illum regia cepit.
Aude, hospes, contemnere opes, et te quoque dignum

lant d'or aujourd'hui, mais alors hérissé de ronces sauvages. Dès
ce temps déjà la sainte horreur qui l'environne frappait de crainte
les timides pasteurs; déjà ils ne regardaient qu'en tremblant et cette
forêt et cette roche. « Ce bois, dit Évandre, cette colline au front
couronné d'ombrages, un dieu y réside, mais quel dieu? on l'ignore.
Là souvent les Arcadiens ont cru voir Jupiter lui-même, alors que,
secouant dans sa main sa noire et formidable égide, il assemblait les
nuages. Plus loin vous voyez des murs çà et là renversés; ce sont
les débris de deux cités, monuments des anciens rois de la contrée.
L'une fut bâtie par Janus, l'autre par Saturne; la première portait
le nom de Janicule, la seconde celui de Saturnie. »
    Ils approchaient, s'entretenant ainsi, de l'humble demeure du roi
Évandre; ils voyaient des troupeaux errer et mugir là où est maintenant le Forum romain, là où s'élèvent les splendides Carènes. Lors-
qu'ils furent arrivés à la demeure d'Évandre : « Voici, dit le roi,
le seuil qu'Alcide vainqueur a franchi; c'est ce palais qui l'a reçu.
Osez comme lui, ô mon hôte, mépriser les richesses; vous aussi,
montrez-vous digne d'un dieu, et regardez sans dédain notre pau-

olim horrida	autrefois hérissé (couvert)
dumis silvestribus.	de buissons sauvages.
Jam tum religio dira loci	Déjà alors la religion redoutable du lieu
terrebat	épouvantait
agrestes pavidos;	les campagnards effrayés;
jam tum tremebant	déjà alors ils voyaient-en-tremblant
silvam saxumque.	la forêt et la roche.
« Deus, inquit,	« Un dieu, dit-il,
est incertum quis deus,	il est incertain (on ne sait) quel dieu
habitat hoc nemus,	habite cette forêt,
hunc collem	cette colline
vertice frondoso.	au sommet feuillu (boisé).
Arcades credunt	Les Arcadiens croient
se vidisse Jovem ipsum,	eux avoir vu Jupiter même,
quum sæpe	lorsque souvent
concuteret	il secouait
ægida nigrantem	son égide noire
dextra,	de sa droite,
cieretque	et mettait-en mouvement (assemblait)
nimbos.	les nuages.
Præterea	De plus
vides hæc duo oppida	tu vois ces deux villes
muris disjectis,	aux murs dispersés,
reliquias monumentaque	restes et monuments
veterum virorum.	des anciens hommes.
Pater Janus	Le père (dieu) Janus
condidit hanc arcem,	a fondé cette citadelle,
Saturnus hanc:	Saturne cette autre:
Janiculum fuerat huic	Janicule avait été (était) à celle-ci
nomen,	pour nom,
Saturnia illi. »	Saturnie à celle-là. »
Talibus dictis	Avec de telles paroles
inter se	échangées entre eux
subibant ad tecta	ils arrivaient à l'habitation
pauperis Evandri,	du pauvre Évandre,
videbantque passim	et ils voyaient çà et là
armenta mugire	des troupeaux mugir
foroque Romano	et dans le forum Romain
et lautis Carinis.	et dans les somptueuses Carènes.
Ut ventum ad sedes:	Quand on fut arrivé à la demeure:
« Alcides victor, inquit,	« Alcide vainqueur, dit-il,
subiit hæc limina;	a franchi ce seuil;
hæc regia cepit illum.	ce palais a contenu (reçu) lui.
Aude, hospes,	Aie-le-courage, ô mon hôte,
contemnere opes,	de mépriser les richesses (le luxe),
et finge te quoque	et fais (montre)-toi aussi
dignum deo,	digne d'un dieu,

Fingo deo, rebusque veni non asper egenis. »   365
Dixit, et angusti subter fastigia tecti
Ingentem Ænean duxit, stratisque locavit
Effultum foliis et pelle Libystidis ursæ.
   Nox ruit, et fuscis tellurem amplectitur alis.
At Venus ¹ haud animo nequidquam exterrita mater,   370
Laurentumque minis et duro mota tumultu,
Vulcanum alloquitur, thalamoque hæc conjugis aureo
:ncipit, et dictis divinum adspirat amorem :
« Dum bello Argolici vastabant Pergama reges
Debita, casurasque inimicis ignibus arces,   375
Non ullum auxilium miseris, non arma rogavi
Artis opisque tuæ, nec te, carissime conjux,
Incassumve tuos volui exercere labores,
Quamvis et Priami deberem plurima natis,
Et durum Æneæ flevissem sæpe laborem :   380
Nunc Jovis imperiis Rutulorum constitit oris :
Ergo eadem supplex venio, et sanctum mihi numen
Arma rogo, genitrix nato. Te filia Nerei,

vreté. » A ces mots il conduit dans sa modeste demeure le grand
Énée, et le fait asseoir sur un lit de feuillage couvert de la dépouille
d'une ourse de Libye.

   La nuit tombe et enveloppe la terre de ses sombres ailes. Cependant Vénus, dont le cœur maternel est justement alarmé des menaces
des Laurentins, de leurs apprêts tumultueux, s'adresse à Vulcain,
et, dans la couche d'or où elle repose à côté de son époux, elle lui
souffle avec ces mots les feux d'un amour divin : « Lorsque les rois
de la Grèce ravageaient Pergame dévouée à la ruine, et ses murailles
qui devaient tomber sous les flammes ennemies, je ne t'ai pas im-
ploré en faveur d'un peuple malheureux ; je n'ai pas, pour le défendre, sollicité de ton art merveilleux ces armes redoutables que for-
gent tes mains. Je n'ai pas voulu, cher époux, t'imposer des veilles
et des travaux inutiles, et pourtant je devais beaucoup aux enfants
de Priam, et j'ai souvent versé des larmes sur le triste destin d'Énée.
Maintenant, par l'ordre souverain de Jupiter, il s'est arrêté sur les
rivages des Rutules. Je viens donc à toi, suppliante ; à toi, dont j'ai
toujours révéré la divinité, et, mère, je te demande des armes pour

venique non asper	et viens non sévère (sans dédain)
rebus egenis. »	pour des choses (ressources) pauvres. »
Dixit,	Il dit,
et duxit ingentem Æneam	et conduisit le grand Énée
subter fastigia	sous le faîte
tecti angusti,	de *son* habitation étroite,
locavitque effultum	et *le* plaça appuyé (reposé)
foliis stratis	sur des feuilles étendues
et pelle ursæ Libystidis.	et sur la peau d'une ourse de-Libye.
Nox ruit,	La nuit se précipite (descend),
et amplectitur tellurem	et embrasse la terre
alis fuscis.	de *ses* ailes sombres.
At Venus exterrita	Mais Vénus effrayée
haud nequidquam animo	non vainement dans *son* cœur
mater,	*en sa qualité de* mère,
motaque minis Laurentum	et émue des menaces des Laurentins
et tumultu duro,	et de *ce* tumulte dur (effrayant),
alloquitur Vulcanum,	adresse-la-parole-à Vulcain,
incipitque hæc	et commence ces *mots*
thalamo aureo conjugis,	dans le lit d'-or de *son* époux,
et adspirat dictis	et souffle avec *ses* paroles
amorem divinum :	un amour divin :
« Dum reges Argolici	« Tandis que les rois d'-Argolide
vastabant bello Pergama	dévastaient par la guerre Pergame
debita,	due *à la destruction,*
arcesque casuras	et les citadelles qui devaient tomber
ignibus inimicis,	par les feux ennemis,
non rogavi	je n'ai demandé
ullum auxilium miseris,	aucun secours pour *eux* malheureux,
non arma	*je n'ai pas demandé* des armes
tuæ artis opisque ;	de ton art et de *ton* secours ;
nec volui exercere te,	et je n'ai pas voulu exercer (fatiguer) toi,
conjux carissime,	époux très-cher,
tuosve labores	ou (et) tes travaux
incassum,	inutilement,
quamvis	bien que
et deberem plurima	et je dusse beaucoup
natis Priami,	aux fils de Priam,
et flevissem sæpe	et *que* j'eusse pleuré (déploré) souvent
durum laborem Æneæ :	le dur travail d'Enée :
nunc imperiis Jovis	maintenant par les ordres de Jupiter
constitit oris Rutulorum :	il s'est arrêté sur les bords des Rutules :
ergo eadem venio supplex,	donc *moi* la même je viens suppliante,
et rogo arma	et je demande des armes
numen	à une divinité
sanctum mihi,	sainte (vénérable) pour moi,
genitrix nato.	mère *je les demande* pour un fils.

Te potuit lacrimis Tithonia flectere conjux.
Adspice qui coeant populi, quæ mœnia clausis　　　　385
Ferrum acuant portis in me excidiumque meorum. »
　　Dixerat; et niveis hinc atque hinc diva lacertis
Cunctantem amplexu molli fovet : ille repente
Accepit solitam flammam, notusque medullas
Intravit calor, et labefacta per ossa cucurrit :　　　　390
Non secus atque olim, tonitru quum rupta corusco
Ignea rima micans percurrit lumine nimbos.
Sensit læta dolis et formæ conscia conjux.
Tum pater æterno fatur devinctus amore :
« Quid causas petis ex alto? fiducia cessit　　　　395
Quo tibi, diva, mei? Similis si cura fuisset,
Tum quoque fas nobis Teucros armare fuisset;
Nec Pater omnipotens Trojam nec fata vetabant
Stare, decemque alios Priamum superesse per annos.
Et nunc, si bellare paras, atque hæc tibi mens est,　　　　400

mon fils. La fille de Nérée, l'épouse de Tithon ont bien pu te toucher par leurs larmes. Vois quelles ligues me menacent, combien de villes, fermant leurs portes, aiguisent le fer contre moi et pour la perte des miens. »

En achevant ces mots, la déesse enlace amoureusement de ses bras d'albâtre son époux indécis encore, et le réchauffe dans ses doux embrassements. Le dieu sent tout à coup se rallumer sa flamme accoutumée; un feu bien connu pénètre ses veines et court dans ses os amollis. Ainsi l'éclair échappé de la nue qu'ébranle la foudre, brille et parcourt les cieux en longs sillons de lumière. Vénus, sûre du pouvoir de ses charmes, voit avec joie l'heureux succès de son artifice. Alors le dieu, qu'enchaîne un éternel amour, lui répond : « Pourquoi as-tu recours à des motifs tirés de si loin? Qu'est devenue cette confiance que tu avais en moi? Si tu eusses autrefois formé le même désir en faveur des Troyens, j'aurais pu les armer, et ni le tout-puissant Jupiter, ni les destins eux-mêmes, n'eussent empêché Troie de rester debout, et Priam d'y régner dix ans encore. Et

Filia Nerei te,	La fille de Nérée a pu toucher toi,
conjux Tithonia	l'épouse de-Tithon
potuit flectere te lacrimis.	a pu toucher toi par ses larmes.
Adspice qui populi coeant,	Vois quels peuples se rassemblent,
quæ mœnia, portis clausis,	quels remparts, leurs portes étant fermées,
acuant ferrum in me	aiguisent le fer contre moi
excidiumque meorum. »	et pour la destruction des miens. »
Dixerat ;	Elle avait dit ;
et lacertis niveis	et avec ses bras blancs-comme-la-neige
hinc atque hinc	jetés d'ici et de là (passés autour de lui)
diva	la déesse
fovet molli amplexu	réchauffe par un doux embrassement
cunctantem :	le dieu qui hésite :
ille repente	lui aussitôt
accepit flammam solitam,	reçut la flamme accoutumée,
calorque notus	et une chaleur bien connue de lui
intravit medullas,	pénétra-dans la moelle de ses os,
et cucurrit	et courut (se répandit)
per ossa labefacta :	dans ses os ébranlés :
non secus atque olim,	non autrement que quelquefois,
quum rupta tonitru	lorsque lancé par le tonnerre
rima ignea micans	un sillon de-feu s'élançant
percurrit nimbos	parcourt les nuages
lumine corusco.	de sa lumière éclatante.
Conjux læta dolis	Son épouse joyeuse de sa ruse
et conscia formæ	et ayant-conscience de sa beauté
sensit.	s'en aperçut.
Tum pater	Alors le père (le dieu)
devinctus amore æterno	enchaîné par un amour éternel
fatur :	parle ainsi :
« Quid	« Pourquoi
petis causas	cherches-tu (tires-tu) des raisons
ex alto ?	d'une source profonde (de si loin) ?
quo cessit tibi,	où s'est retirée à toi (qu'est devenue),
diva,	déesse,
fiducia mei ?	ta confiance de (en) moi ?
Si cura similis fuisset,	Si un souci semblable avait été à toi,
tum quoque	alors aussi
fuisset fas nobis	il aurait été légitime à nous
armare Teucros ;	d'armer les Troyens ;
nec Pater omnipotens	ni le Père tout-puissant
nec fata	ni les destins
vetabant Trojam stare,	n'empêchaient Troie rester-debout,
Priamumque superesse	et Priam survivre
per decem alios annos.	pendant dix autres années.
Et nunc,	Et maintenant,
si paras bellare,	si tu te prépares à faire-la-guerre,

Quidquid in arte mea possum promittere curæ,
Quod fieri ferro liquidove potest electro,
Quantum ignes animæque valent; absiste precando
Viribus indubitare tuis. » Ea verba locutus,
Optatos dedit amplexus, placidumque petivit   405
Conjugis infusus gremio per membra soporem.
    Inde, ubi prima quies, medio jam noctis abactæ
Curriculo, expulerat somnum; quum femina primum,
Cui tolerare colo vitam tenuique Minerva
Impositum, cinerem et sopitos suscitat ignes,   410
Noctem addens operi, famulasque ad lumina longo
Exercet penso, castum ut servare cubile
Conjugis et possit parvos educere natos :
Haud secus Ignipotens, nec tempore segnior illo,
Mollibus e stratis opera ad fabrilia surgit.   415
    Insula Sicanium juxta latus Æoliamque
Erigitur Liparen [1], fumantibus ardua saxis :

maintenant, si tu te prépares à faire la guerre, si tu y es bien résolûment déterminée, je te promets toutes les ressources de mon art, tout ce que peuvent le fer, l'or et l'argent fondus ensemble, tout ce qu'ont de puissance mes feux et le souffle de mes vents. Cesse par tes prières de douter de ton empire. » En achevant ces mots, il donne à Vénus les baisers qu'elle attend, puis, sur le sein de la déesse, il s'abandonne aux douceurs d'un paisible repos.

La nuit, parvenue au milieu de sa course, avait déjà chassé le premier sommeil des yeux des mortels : c'était l'heure où la femme qui n'a pour soutenir sa vie que ses fuseaux et les délicats travaux de Minerve, ranime les feux assoupis sous la cendre, et, ajoutant la nuit à ses travaux, exerce à la lueur de la lampe ses servantes qu'elle a chargées de longues tâches, afin de conserver chaste le lit de son époux et d'élever ses petits enfants. Tel, et non moins diligent, le dieu du feu abandonne sa couche voluptueuse et court aux travaux de ses forges.

Entre les côtes de la Sicile et Lipare, une des Éoliennes, s'élève une île couronnée de roches fumantes. Sous ces roches s'étendent,

atque hæc mens est tibi,
quidquid possum promittere
curæ
in mea arte,
quod potest fieri ferro
electrove liquido,
quantum ignes animæque
valent ;
absiste precando
indubitare tuis viribus. »
Locutus ea verba,
dedit amplexus optatos,
infususque
gremio conjugis
petivit soporem placidum
per membra.
  Inde,
ubi prima quies,
medio curriculo
noctis abactæ,
expulerat somnum ;
quum primum
femina,
cui impositum
tolerare vitam
colo
Minervaque tenui,
suscitat cinerem
et ignes sopitos,
addens noctem operi,
exercetque famulas
ad lumina
longo penso,
ut possit servare castum
cubile conjugis
et educere parvos natos :
illo tempore,
haud secus nec segnior,
Ignipotens
surgit e stratis mollibus
ad opera fabrilia.
  Juxta latus Sicanium
Liparenque Æoliam,
insula erigitur,
ardua saxis fumantibus :
subter quam
tonant

et *si* cette résolution est à (en) toi,
je te promets tout ce que je peux promettre
de soin
dans mon art,
ce qui peut se faire avec le fer
ou l'électrum liquide,
autant que les feux et les souffles
ont-de-puissance ;
cesse en priant
de douter de tes forces. »
Ayant dit ces paroles,
il *lui* donna les embrassements souhaités,
et épanché
dans le giron de *son* épouse
il chercha un sommeil paisible
qui se répandit dans *ses* membres.
  Puis,
dès que (à l'heure où) le premier repos,
au milieu de la carrière
de la nuit écoulée,
avait (eut) chassé le sommeil ;
lorsque d'abord (dès le moment où)
la femme,
à qui *il a été* imposé
de supporter (gagner) *sa* vie
avec la quenouille
et Minerve (la laine travaillée) mince,
réveille la cendre
et les feux assoupis,
ajoutant la nuit à *son* travail,
et fait-travailler *ses* servantes
aux flambeaux
avec une longue tâche,
afin qu'elle puisse conserver chaste
le lit de *son* époux
et élever *ses* petits enfants :
à ce moment,
non autrement et non plus paresseux,
le dieu maître-du-feu
se lève de *sa* couche molle
pour *aller à ses* travaux de-forge.
  Près du flanc de-la-Sicile
et de Lipare l'Éolienne,
une île se dresse,
haute par *ses* roches fumantes :
au-dessous (dans les entrailles) de laquelle
tonnent

Quam subter specus et Cyclopum exesa caminis
Antra Ætnæa tonant, validique incudibus ictus
Auditis referunt gemitum, striduntque cavernis   420
Stricturæ chalybum, et fornacibus ignis anhelat;
Vulcani domus, et Vulcania nomine tellus.
Huc tunc Ignipotens cœlo descendit ab alto.
Ferrum exercebant vasto Cyclopes in antro
Brontesque, Steropesque, et nudus membra Pyracmon.   425
His informatum manibus, jam parte polita,
Fulmen erat; toto genitor quæ plurima cœlo
Dejicit in terras, pars imperfecta manebat.
Tres imbris torti radios, tres nubis aquosæ
Addiderant, rutili tres ignis et alitis Austri;   430
Fulgores nunc terrificos, sonitumque, metumque
Miscebant operi, flammisque sequacibus iras.
Parte alia Marti currumque rotasque volucres
Instabant, quibus ille viros, quibus excitat urbes;
Ægidaque horriferam, turbatæ Palladis arma,   435

minées par les feux des Cyclopes, d'immenses cavernes, des antres profonds, qui tonnent sans cesse pareils à l'Etna. Sans cesse, aux coups des pesants marteaux, les enclumes y font entendre des gémissements; sans cesse l'acier des Chalybes étincelle et siffle sous ces voûtes, et la flamme, sous le vent des soufflets haletants, y rugit dans les fournaises. C'est la demeure de Vulcain, et cette île s'appelle l'île de Vulcain. C'est là que le dieu du feu descendit des hauteurs de l'Olympe. Alors battaient le fer dans le vaste souterrain, les Cyclopes Brontès, Stéropès et Pyracmon aux membres nus. En ce moment ils tenaient dans leurs mains un foudre inachevé, un de ces foudres que le maître des dieux lance souvent de tous les côtés du ciel sur la terre. Une partie était déjà polie, l'autre était brute encore. Ils venaient d'y fondre trois rayons de grêle, trois d'une pluie d'orage, trois d'une flamme rutilante, et trois d'un vent aux ailes rapides. Ils ajoutaient à l'œuvre terrible les livides éclairs, les bruits formidables et ces colères enflammées du ciel qui poursuivent les mortels. Là on façonnait pour Mars un char avec ces roues volantes dont le bruit réveille les guerriers et les villes; ailleurs

specus et antra Ætnæa la caverne et les antres pareils-à-l'Etna
exesa caminis rongés (minés) par les fournaises
Cyclopum, des Cyclopes,
ictusque validi et des coups vigoureux
incudibus auditis *frappés* sur les enclumes entendues
referunt gemitum, rendent un gémissement,
stricturæque chalybum et les masses-rouges de l'acier
stridunt cavernis, sifflent dans les cavernes,
et ignis et le feu
anhelat fornacibus ; halette dans les fourneaux ;
domus Vulcani, *c'est* la demeure de Vulcain,
et tellus et la terre
Vulcania nomine. *s'appelle terre* de-Vulcain par le nom.
Ignipotens Le *dieu* maître-du-feu
descendit huc tunc descendit là alors
a cœlo alto. du ciel élevé.
Cyclopes Les Cyclopes
exercebant ferrum travaillaient le fer
in antro vasto, dans l'antre vaste,
Brontesque, Steropesque, et Brontès, et Stéropès,
et Pyracmon et Pyracmon
nudus membra. nu quant à *ses* membres.
Fulmen informatum erat Un foudre avait été façonné
his manibus, par ces mains,
jam parte polita ; déjà une partie ayant été polie ;
quæ genitor *ce sont ces foudres* que le père *des dieux*
dejicit plurima in terras lance très-nombreux sur les terres
toto cœlo, de tout le ciel,
pars manebat imperfecta. une partie restait non-achevée.
Addiderant tres radios Ils avaient ajouté trois rayons
imbris torti, de pluie tordue,
tres nubis aquosæ, trois de nuage aqueux,
tres ignis rutili, trois de feu roux,
et Austri alitis ; et *trois* d'Auster ailé (de vent rapide) ;
miscebant nunc operi ils mêlaient maintenant à *leur* ouvrage
fulgores terrificos, les lueurs effrayantes,
sonitumque, metumque, et le bruit, et l'épouvante,
irasque et les colères
flammis sequacibus. aux flammes qui-poursuivent.
Alia parte instabant Marti D'un autre côté ils pressaient pour Mars
currumque et un char
rotasque volucres, et des roues agiles,
quibus ille excitat viros, avec lesquels ce *dieu* soulève les hommes,
quibus urbes ; avec lesquels *il soulève* les villes;
polibantque certatim et ils polissaient à l'envi
squamis serpentum avec des écailles de serpents
auroque et de l'or

Certatim squamis serpentum auroque polibant,
Connexosque angues, ipsamque in pectora divæ
Gorgona, desecto vertentem lumina collo.
« Tollite cuncta, inquit, cœptosque auferte labores,
Ætnæi Cyclopes, et huc advertite mentem :   440
Arma acri facienda viro : nunc viribus usus,
Nunc manibus rapidis, omni nunc arte magistra ;
Præcipitate moras. » Nec plura effatus; at illi
Ocius incubuere omnes pariterque laborem
Sortiti : fluit æs rivis aurique metallum ;   445
Vulnificusque chalybs¹ vasta fornace liquescit.
Ingentem clypeum informant, unum omnia contra
Tela Latinorum, septenosque orbibus orbes
Impediunt : alii ventosis follibus auras ²
Accipiunt redduntque; alii stridentia tingunt   450
Æra lacu : gemit impositis incudibus antrum.
Illi inter sese multa vi brachia tollunt
In numerum, versantque tenaci forcipe massam.

on s'empressait de polir l'égide dont s'arme Pallas en fureur;
horrible armure où se montrent des serpents aux écailles d'or et
des couleuvres entrelacées; et, pour le sein même de la déesse,
une Gorgone dont la tête coupée lançait encore d'affreux regards.
« Cyclopes, enfants de l'Etna, dit Vulcain, mettez à l'écart ces
travaux commencés, et soyez attentifs à mes ordres. Il s'agit de
forger des armes pour un redoutable guerrier : c'est à présent qu'il
faut la force des bras et l'adresse des mains ; c'est à présent qu'il
faut déployer toute la puissance de votre art; hâtez-vous, point de
retard. » Il ne dit que ces mots, et tous, à l'instant, se partageant
les travaux, se mettent à l'œuvre. L'airain et l'or coulent en longs
ruisseaux, et l'homicide acier se fond dans la vaste fournaise. Sous
leurs mains s'arrondit un immense bouclier qui peut à lui seul re-
pousser tous les traits des Latins. Sept orbes de métal s'y appli-
quent l'un sur l'autre. Cependant les uns, dans les soufflets qui s'en-
flent, aspirent l'air et le chassent; les autres trempent le fer dans
les eaux frémissantes; l'antre gémit des coups redoublés portés sur
les enclumes. Tour à tour les Cyclopes lèvent avec effort leurs bras
en cadence, et la tenaille mordante tourne et retourne la masse
embrasée.

ægida horriferam,
arma Palladis turbatæ,
anguesque connexos,
Gorgonaque ipsam
in pectore divæ,
vertentem lumina
collo desecto.
« Tollite cuncta, inquit,
auferteque labores cœptos,
Cyclopes Ætnæi,
et advertite huc mentem :
arma facienda
viro acri :
nunc usus
viribus,
nunc manibus rapidis,
nunc
omni arte magistra ;
præcipitate moras. »
Nec effatus plura ;
at illi incubuere
omnes ocius,
sortitique laborem
pariter :
æs fluit rivis
metallumque auri ;
chalybsque vulnificus
liquescit vasta fornace.
Informant
ingentem clypeum,
unum contra omnia tela
Latinorum,
impediuntque
septenos orbes
orbibus :
alii accipiunt
redduntque auras
follibus ventosis ;
alii tingunt lacu
æra stridentia :
antrum gemit
incudibus impositis.
Illi tollunt brachia
inter sese
multa vi in numerum,
versantque massam
forcipe tenaci.

une égide épouvantable,
arme de Pallas irritée,
et des serpents enlacés,
et la Gorgone même
sur la poitrine de la déesse,
la Gorgone tournant les yeux
son cou ayant été coupé.
« Enlevez tout, dit-il,
et emportez (ôtez) les travaux commencés,
Cyclopes de-l'Etna,
et tournez ici votre esprit :
des armes sont à-faire
pour un homme belliqueux :
maintenant que l'usage soit (usez)
de vos forces,
maintenant usez de vos mains rapides,
maintenant usez
de tout votre art de-maître (supérieur) ;
hâtez (abrégez) les retards. »
Et il ne dit pas plus de paroles ;
mais eux s'appliquèrent
tous aussitôt,
et tirèrent-au-sort le travail
par-lots-égaux :
l'airain coule en ruisseaux
et aussi le métal de l'or ;
et l'acier qui-fait-des-blessures
fond dans la vaste fournaise.
Ils forment
un immense bouclier,
un seul contre tous les traits
des Latins,
et enlacent (assemblent)
sept orbes
avec des orbes (les uns avec les autres) :
les uns reçoivent
et renvoient l'air
avec des soufflets gonflés-de-vent ;
d'autres trempent dans le lac
l'airain sifflant :
l'antre gémit
des enclumes établies.
Ils lèvent les bras
entre eux
avec beaucoup de force en cadence,
et retournent la masse (le fer)
avec la pince tenace.

Hæc pater Æoliis propërat dum Lemnius[1] oris,
Evandrum ex humili tecto lux suscitat alma,   455
Et matutini volucrum sub culmine cantus.
Consurgit senior, tunicaque inducitur artus,
Et Tyrrhena pedum circumdat vincula plantis;
Tum lateri atque humeris Tegeæum subligat ensem,
Demissa ab læva pantheræ terga retorquens.   460
Nec non et gemini custodes limine ab alto
Præcedunt, gressumque canes comitantur herilem
Hospitis Æneæ sedem et secreta petebat,
Sermonum memor et promissi muneris, heros.
Nec minus Æneas se matutinus agebat.   465
Filius huic Pallas, illi comes ibat Achates.
Congressi jungunt dextras, mediisque residunt
Ædibus, et licito tandem sermone fruuntur.
Rex prior hæc :
 « Maxime Teucrorum ductor, quo sospite nunquam 470
Res equidem Trojæ victas aut regna fatebor,

Tandis que le dieu de Lemnos hâte ainsi les travaux dans les cavernes d'Éolie, Évandre est réveillé en son humble demeure par les feux naissants du jour et par le chant matinal des oiseaux gazouillant sous son toit de chaume. Le vieillard se lève; il revêt sa tunique et enlace à ses pieds sa chaussure Tyrrhénienne; puis il passe sur ses épaules le baudrier d'où pend à son côté le glaive Arcadien, et ramène sur sa poitrine la peau d'une panthère qui tombe flottante sur son bras gauche. Deux chiens, ses gardes fidèles, sortent avec lui du seuil rustique et accompagnent les pas de leur maître. Évandre, tout occupé des entretiens de la veille et des secours qu'il avait promis à son hôte, s'avançait vers le secret asile du héros troyen. Énée, non moins matinal, venait à lui. L'un est accompagné de son fils Pallas, l'autre du fidèle Achate. Ils s'abordent, ils unissent leurs mains, s'asseyent au milieu du palais, et jouissent enfin du plaisir d'un libre entretien. Le roi, prenant la parole, s'exprime ainsi :

 « Illustre chef des Troyens, non, tant que vous vivrez je ne croirai jamais à Troie vaincue, à l'empire d'Ilion tombé. Nous

Dum pater Lemnius properat hæc oris Æoliis, lux alma suscitat Evandrum ex humili tecto, et cantus matutini volucrum sub culmine.
Tandis que le père (dieu) de-Lemnos hâte ces *travaux* aux bords Éoliens, la lumière bienfaisante éveille Évandre de (sous) *son* humble toit, et (ainsi que) le chant matinal des oiseaux sous le chaume.

Senior consurgit, induciturque tunica artus, et circumdat plantis pedum vincula Tyrrhena; tum subligat ensem Tegeæum lateri atque humeris, retorquens ab læva terga pantheræ demissa.
Le vieillard se lève, et se revêt d'une tunique sur *ses* membres, et met-autour des plantes de *ses* pieds des chaussures Tyrrhéniennes; puis il attache *son* épée de-Tégée à *son* flanc et à *ses* épaules, retournant (ramenant) du *côté* gauche *à droite* le dos (la peau) d'une panthère tombant *de son épaule gauche*.

Nec non et gemini custodes præcedunt a limine alto, canesque comitantur gressum herilem.
Et aussi deux gardiens *le* précèdent *en partant* du seuil élevé, et *ces deux* chiens accompagnent la marche de-*leur*-maître.

Heros, memor sermonum et muneris promissi, petebat sedem et secreta Æneæ hospitis.
Le héros, se souvenant de *son* entretien et du service promis, gagnait la demeure et l'*habitation* retirée d'Enée *son* hôte.

Nec Æneas se agebat minus matutinus.
Et Enée ne se portait (ne s'avançait) pas moins matinal (l'était tout autant).

Huic filius Pallas, illi Achates ibat comes.
A celui-ci *son* fils Pallas, à celui-là Achate allait *comme* compagnon.

Congressi jungunt dextras, residuntque mediis ædibus, et fruuntur tandem sermone licito.
S'étant abordés ils joignent *leurs* droites, et s'asseyent au milieu de l'édifice, et jouissent enfin d'un entretien permis (libre).

Rex prior hæc:
« Maxime ductor Teucrorum, quo sospite nunquam equidem fatebor res Trojæ victas
Le roi le premier *dit* ces *mots* :
« Très-grand chef des Troyens, lequel *étant* sauf jamais assurément je n'avouerai les affaires (la puissance) de Troie *être* vaincues

Nobis ad belli auxilium pro nomine tanto
Exiguæ vires : hinc Tusco claudimur amni;
Hinc Rutulus premit et murum circumsonat armis.
Sed tibi ego ingentes populos opulentaque regnis　　　475
Jungere castra ¹ paro; quam fors inopina salutem
Ostentat : fatis huc te poscentibus affers.
Haud procul hinc saxo colitur fundata vetusto
Urbis Agyllinæ ² sedes, ubi Lydia quondam
Gens bello præclara jugis insedit Etruscis.　　　480
Hanc multos florentem annos rex deinde superbo
Imperio et sævis tenuit Mezentius armis.
Quid memorem infandas cædes? quid facta tyranni
Effera? Di capiti ipsius generique reservent!
Mortua quin etiam jungebat corpora vivis,　　　485
Componens manibusque manus atque oribus ora,
Tormenti genus! et sanie taboque fluentes
Complexu in misero longa sic morte necabat.

n'avons pour vous aider dans cette guerre, pour soutenir votre grand
nom, que des forces bien médiocres : d'un côté le fleuve Toscan
enferme nos États; de l'autre, le Rutule nous resserre, et le bruit
de ses armes retentit jusque dans nos murailles. Mais je puis asso-
cier à vos intérêts des nations puissantes, d'opulents royaumes. Un
hasard inespéré nous montre un moyen de salut, et vous venez ici
à la voix des destins qui vous y appellent. Non loin d'ici s'élève,
bâtie sur un antique rocher, la ville d'Agylla, fondée jadis par les
Lydiens, race guerrière qui vint se fixer sur les montagnes d'É-
trurie. Cette cité longtemps florissante subit enfin le joug superbe
de Mézence, qui la tint asservie à ses cruelles armes. Vous dirai-je
les atroces barbaries, les meurtres effroyables du tyran? Dieux,
faites-les retomber sur sa tête et sur toute sa race! Le monstre atta-
chait des corps vivants à des cadavres, mains contre mains, bouche
contre bouche, genre nouveau de torture! et ses victimes, dégouttantes d'un sang fétide, mouraient ainsi d'une longue mort dans ces

aut regna,	ou *son* royaume *être abattu,*
vires exiguæ nobis	des forces *bien* minces *sont* à nous
ad auxilium belli	pour un secours de guerre
pro tanto nomine :	pour un si grand nom :
hinc claudimur	d'ici (de ce côté) nous sommes enfermés
amni Tusco ;	par le fleuve Toscan ;
hinc	de là (de cet autre côté)
Rutulus premit,	le Rutule *nous* presse,
et circumsonat murum	et retentit-autour de *notre* mur
armis.	avec *ses* armes.
Sed ego paro jungere tibi	Mais moi je *me* prépare à joindre à toi
ingentes populos	de grands peuples
castraque opulenta	et des camps opulents
regnis ;	par le royaume *auquel ils appartiennent;*
quam salutem	lequel *moyen de* salut
fors inopina ostentat :	un sort imprévu *nous* montre :
affers te huc	tu apportes toi (tu viens) ici
fatis poscentibus.	les destins *te* demandant.
Haud procul hinc	Non loin d'ici
sedes urbis Agyllinæ	la demeure de la ville d'-Agylla
colitur	est habitée
fundata saxo vetusto,	fondée sur un rocher antique,
ubi quondam gens Lydia	où autrefois une nation Lydienne
præclara bello	illustre par la guerre
insedit jugis Etruscis.	se fixa sur les collines Étrusques.
Deinde rex Mezentius	Ensuite le roi Mézence
tenuit imperio superbo	tint sous *son* empire superbe
et armis sævis	et sous *ses* armes cruelles
hanc florentem	cette *ville qui avait été* florissante
multos annos.	pendant de nombreuses années.
Quid memorem	Pourquoi rapporterais-je
cædes infandas?	les meurtres abominables?
quid	pourquoi *rapporterais-je*
facta effera tyranni ?	les faits barbares du tyran?
Di	Que les dieux
reservent	réservent *de pareils traitements*
capiti ipsius generique !	à la tête de lui-même et à *sa* race!
Quin etiam	Bien plus encore
jungebat corpora mortua	il joignait des corps morts
vivis,	aux vivants,
componens	mettant-ensemble
manusque manibus,	et les mains avec les mains,
atque ora oribus,	et les visages avec les visages,
genus tormenti !	espèce de torture !
et necabat sic	et il tuait ainsi
longa morte	par une longue mort
in complexu misero	dans un embrassement affreux

3.

At fessi tandem cives infanda furentem
Armati circumsistunt ipsumque domumque;   490
Obtruncant socios, ignem ad fastigia jactant.
Ille, inter cædes, Rutulorum elapsus in agros
Confugere, et Turni defendier hospitis armis.
Ergo omnis furiis surrexit Etruria justis,
Regem ad supplicium præsenti Marte reposcunt.   495
His ego te, Ænea, ductorem millibus addam.
Toto namque fremunt condensæ littore puppes,
Signaque ferre jubent: retinet longævus haruspex,
Fata canens: « O Mæoniæ delecta juventus,
« Flos veterum virtusque virum, quos justus in hostem   500
« Fert dolor, et merita accendit Mezentius ira;
« Nulli fas Italo tantam subjungere gentem;
« Externos optate duces. » Tum Etrusca resedit
Hoc acies campo, monitis exterrita divum.
Ipse oratores ad me regnique coronam   505
Cum sceptro misit, mandatque insignia Tarcho,

affreux embrassements. Mais enfin ses sujets, lassés de ses fureurs impies, prennent les armes, le cernent dans son palais, massacrent ses gardes et font voler la flamme au faîte de sa demeure. Mézence s'échappe au milieu du carnage, se réfugie sur les terres des Rutules, et Turnus, qui l'accueille, le protége de ses armes. Mais toute l'Étrurie s'est soulevée dans sa juste fureur, et, le glaive à la main, redemande ce roi pour le livrer au supplice. C'est vous, Énée, que je veux donner pour chef à ces nombreux soldats. Déjà frémissent, pressés le long du rivage, leurs vaisseaux rassemblés; ils attendent le signal du départ. Mais un vieil aruspice les retient, en leur annonçant cet oracle du destin: « O vous, l'élite de la jeunesse Méonienne, leur dit-il, vous en qui brille dans sa fleur le courage des héros vos ancêtres, vous qu'un trop juste ressentiment entraîne aux combats et qu'enflamme contre Mézence la plus sainte des colères, il n'est donné à aucun Italien de commander tant de forces réunies: choisissez des chefs étrangers. » L'armée des Étrusques s'est arrêtée dans ces plaines, effrayée de ces avertissements des dieux. Tarchon lui-même, leur chef, m'a envoyé, par ses ambassadeurs, la couronne, le sceptre d'Étrurie et les insignes de la

fluentes sanie	*les malheureux* dégouttant de sanie
taboque.	et de pus.
At tandem cives fessi	Mais enfin les citoyens fatigués
circumsistunt armati	entourent en-armes
ipsumque	et lui-même
furentem infanda	sévissant d'une-manière-abominable
domumque;	et *sa* maison;
obtruncant socios,	ils égorgent *ses* compagnons,
jactant ignem ad fastigia.	lancent du feu vers le faîte.
Ille, inter cædes,	Lui, au milieu des massacres,
elapsus confugere	s'étant échappé *put* se réfugier
in agros Rutulorum,	dans les champs des Rutules,
et defendier	et être défendu
armis Turni hospitis.	par les armes de Turnus *son* hôte.
Ergo	Donc
omnis Etruria surrexit	toute l'Étrurie se souleva
justis furiis;	avec de justes fureurs;
reposcunt regem	ils réclament *leur* roi
ad supplicium	pour le supplice
Marte præsenti.	avec Mars présent (prêts à la guerre).
Ego addam te, Ænea,	J'ajouterai (donnerai) toi, Énée,
ductorem his millibus.	*comme* chef à ces mille *guerriers.*
Namque puppes condensæ	Car des poupes serrées (nombreuses)
fremunt toto littore,	frémissent sur tout le rivage,
jubentque	et ordonnent
ferre signa:	de porter les drapeaux (se mettre en
longævus haruspex retinet	un vieux devin *les* retient [marche):
canens fata:	chantant (annonçant) les destins:
« O juventus delecta	« O jeunesse d'-élite
Mæoniæ,	de la Méonie,
flos virtusque	fleur et valeur
veterum virum,	des anciens hommes,
quos justus dolor	qu'un juste ressentiment
fert in hostem,	porte contre l'ennemi,
et Mezentius	et *que* Mézence
accendit ira merita;	enflamme d'une colère méritée;
fas nulli Italo	*il* n'*est* permis à aucun Italien
subjungere	de soumettre *à sa puissance*
tantam gentem;	une si grande nation;
optate duces externos. »	choisissez des chefs étrangers. »
Tum acies Etrusca	Alors l'armée Étrusque
resedit hoc campo,	s'arrêta dans cette plaine,.
exterrita monitis divum.	effrayée par les avertissements des dieux.
Tarcho ipse misit ad me	Tarchon lui-même a envoyé à moi
oratores	des députés
coronamque regni	et la couronne du royaume (royale)
cum sceptro,	avec le sceptre,

Succedam castris, Tyrrhenaque regna capessam.
Sed mihi tarda gelu sæclisque effeta senectus
Invidet imperium, seræque ad fortia vires.
Natum exhortarer, ni mixtus matre Sabella   540
Hinc partem patriæ traheret. Tu , cujus et annis
Et generi fata indulgent, quem numina poscunt,
Ingredere, o Teucrum atque Italum fortissime ductor.
Hunc tibi præterea, spes et solatia nostri,
Pallanta adjungam : sub te tolerare magistro   545
Militiam et grave Martis opus, tua cernere facta
Assuescat, primis et te miretur ab annis.
Arcadas huic equites bis centum, robora pubis
Lecta, dabo ; totidemque suo tibi nomine Pallas. »
    Vix ea fatus erat, defixique ora tenebant   520
Æneas Anchisiades et fidus Achates,
Multaque dura suo tristi cum corde putabant,
Ni signum cœlo Cytherea dedisset aperto.

royauté ; il m'appelle en son camp et veut me faire asseoir au trône
Tyrrhénien. Mais les glaces de la vieillesse et le poids des ans m'en-
vient cet honneur du commandement, et je n'ai plus assez de forces
pour les grands faits de la guerre. J'eusse engagé mon fils à pren-
dre ma place, si, né d'une mère Sabine, il ne tenait par elle à la
patrie latine. Vous donc qui, grâce au destin, avez pour vous et
l'âge et la naissance, vous qu'appellent les dieux, partez, ô magna-
nime chef des Troyens et des Italiens. Ce n'est pas tout : ce fils,
l'espérance et la consolation de ma vieillesse, Pallas vous suivra.
Que sous un si grand maître il se forme au dur métier de la guerre,
aux rudes travaux de Mars ; qu'il s'accoutume à voir vos exploits,
et que dès son jeune âge ils soient pour lui un noble sujet d'admira-
tion. Je lui donnerai deux cents cavaliers arcadiens , la fleur de
notre jeunesse, et lui-même, en son nom, vous en donnera deux
cents autres. »
    Il avait dit : le fils d'Anchise et le fidèle Achate, les regards at-
tachés à terre, ouvraient leurs tristes cœurs aux pressentiments
d'un sombre avenir, quand, au milieu d'un ciel sans nuages, Cy-

mandatque insignia,	et *me* confie les insignes *de la royauté*,
succedam castris,	*me disant* que je me rende au camp,
capessamque	et que je prenne
regna Tyrrhena.	le royaume Tyrrhénien.
Sed senectus	Mais une vieillesse
tarda gelu	appesantie par le froid *de l'âge*
effetaque sæclis	et épuisée par les années
invidet mihi imperium,	envie (refuse) à moi l'empire,
viresque	et (ainsi que) des forces
seræ	tardives (languissantes)
ad fortia.	pour des *actions* courageuses.
Exhortarer natum,	J'*y* engagerais *mon* fils,
ni mixtus	si étant mêlé (d'un sang mêlé)
matre Sabella	par une mère Sabine
traheret hinc	il ne tirait d'ici
partem patriæ.	une partie de *sa* patrie.
Tu, et annis	Toi, et aux années
et generi cujus	et à l'origine duquel
fata indulgent,	les destins sont-propices,
quem numina poscunt,	*toi* que les divinités demandent,
ingredere,	marche,
o fortissime ductor	ô très-vaillant chef
Teucrum atque Italum.	des Troyens et des Italiens.
Adjungam tibi præterea	J'adjoindrai à toi en outre
hunc Pallanta,	ce Pallas (Pallas que voici),
spes	l'espoir
et solatia nostri:	et la consolation de nous (de moi):
assuescat sub te magistro	qu'il s'accoutume sous toi *comme* maître
tolerare militiam	à endurer le service-militaire
et grave opus Màrtis,	et le rude travail de Mars,
cernere tua facta,	à voir tes *hauts*-faits,
et miretur te	et qu'il admire toi
a primis annis.	dès *ses* premières années.
Dabo huic	Je donnerai à lui
bis centum equites Arcadas,	deux-fois cent cavaliers Arcadiens,
robora lecta	forces choisies (corps vigoureux d'élite)
pubis;	de *notre* jeunesse;
Pallasque tibi totidem	et Pallas *en donnera* à toi tout-autant
suo nomine. »	en son nom. »
Vix fatus erat ea,	A peine il avait dit ces *mots*,
Æneasque Anchisiades	et Énée le fils-d'Anchise
et fidus Achates	et le fidèle Achate
defixi	fixés *vers la terre*
tenebant ora,	y tenaient *leur* visage (leurs yeux),
putabantque multa dura	et pensaient beaucoup de choses pénibles
cum suo tristi corde,	avec leur triste cœur,
ni Cytherea	si Cythérée

Namque improviso vibratus ab æthere fulgor
Cum sonitu venit, et ruere omnia visa repente,   525
Tyrrhenusque tubæ mugire per æthera clangor.
Suspiciunt; iterum atque iterum fragor intonat ingens.
Arma inter nubem, cœli in regione serena,
Per sudum, rutilare vident, et pulsa sonare.
Obstupuere animis alii; sed Troius heros   530
Agnovit sonitum et divæ promissa parentis.
Tum memorat : « Ne vero, hospes, ne quære profecto
Quem casum portenta ferant : ego poscor Olympo.
Hoc signum cecinit missuram diva creatrix,
Si bellum ingrueret, Vulcaniaque arma per auras   535
Laturam auxilio.
Heu! quantæ miseris cædes Laurentibus instant!
Quas pœnas mihi, Turne, dabis! quam multa sub undis
Scuta virum galeasque et fortia corpora volves,
Thybri pater! Poscant acies, et fœdera rumpant. »   540

thérée donna un signal propice. Soudain, jaillissant de la nue avec
fracas, un éclair brille dans l'éther qu'il sillonne : on dirait que
tout va s'écrouler et qu'on entend mugir dans les airs la trompette
tyrrhénienne. On lève les yeux : une seconde fois, une troisième
fois encore, la voûte des cieux tonne avec un immense fracas. Alors
on voit entre les nuages, et dans la région pure et sereine du ciel,
des armes resplendir et se choquer retentissantes. Tous les cœurs
ont frémi d'effroi, mais le héros Troyen reconnaît à ce bruit les
promesses de sa mère immortelle, et il dit : « Ne vous alarmez pas,
Évandre, de ce prodige et des événements qu'il annonce : c'est à
moi que s'adresse l'Olympe. La déesse, ma mère, m'avait promis
de m'envoyer ce présage si la guerre s'allumait, et de m'apporter
elle-même à travers les airs des armes forgées par Vulcain. O quel
carnage vous menace, malheureux Laurentins! que tu me payeras
cher, Turnus, ta folle audace! Et toi, dieu du Tibre, quel vaste
amas de boucliers, de casques, de corps sanglants de guerriers, tu
vas rouler dans tes flots! Qu'ils appellent à présent la guerre! qu'ils
violent les traités! »

dedisset signum
cœlo aperto.
Namque improviso
fulgor vibratus ab œthere
venit cum sonitu,
et omnia visa
ruere repente,
clangorque Tyrrhenus
tubœ
mugire per œthera.
Suspiciunt;
iterum atque iterum
ingens fragor increpat.
Vident arma rutilare
inter nubem,
per sudum,
in regione serena cœli,
et pulsa tonare.
Alii obstupuere animis;
sed heros Troius,
agnovit sonitum
et promissa
divæ parentis.
Tum memorat :
« Ne vero, hospes,
ne quære profecto
quem casum
ferant portenta :
ego poscor Olympo.
Diva creatrix cecinit
missuram hoc signum,
si bellum ingrueret,
laturamque auxilio
per auras
arma Vulcania.
Heu! quantæ cædes
instant
miseris Laurentibus !
Quas pœnas dabis mihi,
Turne !
quam multa scuta
galeasque
et corpora fortia virum
volves sub undas,
pater Thybri !
Poscant acies,
et rumpant fœdera. »

n'avait donné un signal
dans le ciel découvert (sans nuages).
Car à l'improviste
un éclat lancé de l'éther
vient avec bruit,
et tout parut
s'écrouler tout à coup;
et le son Tyrrhénien
de la trompette
mugir à travers l'éther.
Ils regardent-en-haut;
de nouveau et de nouveau
un grand fracas retentit.
Ils voient des armes étinceler
au milieu de la nue,
à travers l'*air* sec,
dans la région sereine du ciel,
et étant frappées résonner.   [prits;
Les autres furent stupéfaits dans *leurs* es-
mais le héros Troyen
reconnut le son
et les promesses
de la déesse *sa* mère.
Alors il dit :
« Ah ! ne *cherche* pas, *mon* hôte,
ne cherche assurément pas,
quel événement
apportent *ces* prodiges :
c'est moi *qui* suis demandé par l'Olympe.
La déesse *ma* mère a chanté (annoncé)
elle devoir envoyer ce signal,
si la guerre survenait,
et devoir *m'*apporter à secours
à travers les airs
des armes de-Vulcain.
Hélas ! quels carnages
menacent
les malheureux Laurentins !
Quelles peines tu donneras à moi,
Turnus !
combien nombreux boucliers
et casques
et corps courageux de guerriers
tu rouleras sous *tes* ondes ;
père (dieu) Tibre !
Qu'ils demandent la bataille,
et qu'ils rompent les traités. »

Hæc ubi dicta dedit, solio se tollit ab alto;
Et primum Herculeis sopitas ignibus aras
Excitat, hesternumque Larem, parvosque Penates
Lætus adit; mactant lectas de more bidentes
Evandrus pariter, pariter Trojana juventus.   545
Post hinc ad naves graditur sociosque revisit :
Quorum de numero, qui sese in bella sequantur,
Præstantes virtute legit; pars cetera prona
Fertur aqua, segnisque secundo defluit amni,
Nuntia ventura Ascanio rerumque patrisque.   550
Dantur equi Teucris Tyrrhena petentibus arva;
Ducunt exsortem Æneæ, quem fulva leonis
Pellis obit totum, præfulgens unguibus aureis.

Fama volat, parvam subito vulgata per urbem,
Ocius ire equites Tyrrheni ad limina regis.   555
Vota metu duplicant matres, propiusque periclo
It timor, et major Martis jam apparet imago.

Il dit, se lève et va réveiller les feux assoupis sur les autels d'Hercule ; il se prosterne avec joie devant les Lares hospitaliers, devant les modestes Pénates qui l'ont reçu la veille. Évandre, Énée et la jeunesse Troyenne immolent alors, suivant les rites accoutumés, des brebis sans tache ; puis Énée retourne à ses vaisseaux, revoit ses compagnons, et choisit les plus intrépides pour le suivre aux combats ; les autres, s'abandonnant au courant du fleuve, glissent sans effort de rames sur ses ondes favorables, et vont porter à Ascagne des nouvelles de son père et lui annoncer son heureuse fortune. On donne des chevaux aux Troyens qui doivent se rendre en Étrurie. Enée reçoit à part un coursier superbe, que couvre tout entier la dépouille d'un lion, où brillent des ongles d'or.

Soudain le bruit vole et se répand dans la petite ville de Pallantée que les cavaliers se portent au palais du roi Tyrrhénien. Les mères tremblantes redoublent leurs vœux ; l'approche du danger augmente leurs craintes, et de moment en moment l'image de Mars leur appa-

Ubi dedit	Dès qu'il a donné (prononcé)
hæc dicta,	ces paroles,
se tollit a solio alto ;	il se lève de *son* siége haut ;
et primum excitat	et d'abord il réveille
aras sopitas	les autels assoupis
ignibus Herculeis,	par les feux d'-Hercule,
Laremque hesternum,	et le Lare (le foyer) de-la-veille,
aditque lætus	et s'avance joyeux
parvos Penates ;	vers les petits (humbles) Pénates ;
Evandrus pariter,	Évandre pareillement,
pariter juventus Trojana	pareillement la jeunesse Troyenne
mactant de more	immolent selon la coutume
bidentes lectas.	des brebis choisies.
Post hinc	Ensuite de là *Énée*
graditur ad naves	va vers les vaisseaux
revisitque socios :	et revoit *ses* compagnons :
de numero quorum	du nombre desquels
legit	il *en* choisit
præstantes virtute,	de remarquables par *leur* valeur,
qui sequantur sese in bella ;	qui devront suivre lui à la guerre ;
pars cetera	la partie de-reste (tout le reste)
fertur aqua prona,	est portée sur l'eau qui-descend,
segnisque	et oisive (sans se servir de la rame)
defluit amni	coule (glisse) sur le fleuve
secundo,	en-suivant-le-courant,
ventura Ascanio	devant venir à Ascagne
nuntia	pour-*lui*-donner-des-nouvelles
rerumque patrisque.	et des affaires et de *son* père.
Equi dantur Teucris	Des chevaux sont donnés aux Troyens
petentibus arva Tyrrhena ;	qui gagnent les champs Tyrrhéniens ;
ducunt Æneæ	on *en* amène *un* pour Énée
exsortem ,	non-tiré-au-sort (remarquable),
quem pellis fulva leonis	que la peau fauve d'un lion
obit totum,	couvre tout-entier,
præfulgens	brillant-en-avant
unguibus aureis.	par des griffes d'-or.
Fama volat,	La renommée vole,
vulgata subito,	répandue tout à coup
per parvam urbem,	dans la petite ville,
equites ire ocius	les cavaliers aller promptement
ad limina regis Tyrrheni.	au seuil du roi Tyrrhénien.
Matres duplicant vota	Les mères redoublent *leurs* vœux
metu,	par crainte,
timorque	et la peur
it propius	va plus près (s'approche, s'accroît)
periclo,	avec le danger,
et imago Martis	et l'image de Mars

Tum pater Evandrus, dextram complexus euntis,
Hæret, inexpletum lacrimans, ac talia fatur:
« O mihi præteritos referat si Jupiter annos!   560
Qualis eram, quum primum aciem Præneste sub ipsa
Stravi, scutorumque incendi victor acervos,
Et regem hac Herilum dextra sub Tartara misi;
Nascenti cui tres animas Feronia mater,
Horrendum dictu! dederat, terna arma movenda;   565
Ter leto sternendus erat: cui tunc tamen omnes
Abstulit hæc animas dextra, et totidem exuit armis.
Non ego nunc dulci amplexu divellerer usquam,
Nate, tuo; neque finitimus Mezentius usquam,
Huic capiti insultans, tot ferro sæva dedisset   570
Funera, tam multis viduasset civibus urbem.
At vos, o Superi, et divum tu maxime rector
Jupiter, Arcadii, quæso, miserescite regis,
Et patrias audite preces: Si numina vestra
Incolumem Pallanta mihi, si fata reservant,   575

raît plus terrible. Alors Évandre, voyant partir son fils, saisit sa main, le presse étroitement sur son sein, l'arrose d'un torrent de larmes, et lui parle ainsi: « Oh! si Jupiter me rendait mes premières années! si j'étais encore à cet âge où, sous les murs de Préneste, je renversai les premiers rangs ennemis, et, vainqueur, je livrai aux flammes des monceaux de boucliers! Mon bras précipita alors dans le Tartare le roi Hérilus, à qui sa mère Féronia avait donné à sa naissance, effrayant prodige! trois âmes, et trois armures à mouvoir. Il fallait lui donner trois fois la mort pour l'abattre; et pourtant cette main lui arracha sa triple vie, le dépouilla de sa triple armure. Non, si j'étais encore le même, je ne me séparerais pas de tes doux embrassements, ô mon fils, et jamais le cruel Mézence, insultant à mes cheveux blancs, n'eût, si près de moi, rougi son glaive du sang de tant de victimes, ni rendu veuve de tant de citoyens sa ville désolée. O dieux de l'Olympe, et toi, souverain de tous les dieux, ô Jupiter, ayez pitié, je vous en conjure, du roi des Arcadiens, écoutez les prières d'un père. Si vos divins décrets, si les destins me conservent Pallas, si je dois vivre pour le revoir,

apparet jam major.	apparaît déjà plus grande.
Tum pater Evandrus,	Alors le père (auguste) Evandre,
complexus dextram	embrassant (serrant) la main
euntis,	de *son fils* qui-s'en-allait,
hæret,	s'*y* attache,
lacrimans inexpletum,	pleurant abondamment,
ac fatur talia :	et dit de telles *paroles :*
« O si Jupiter referat mihi	« O si Jupiter rapportait (rendait) à moi
annos præteritos !	*mes* années écoulées !
qualis eram,	*et que je fusse tel* que j'étais,
quum primum	lorsque pour-la-première-fois
sub Præneste ipsa	sous Préneste même
stravi aciem,	j'abattis une ligne *de combattants,*
victorque	et vainqueur
incendi acervos scutorum,	je brûlai des monceaux de boucliers,
et hac dextra	et de cette droite
misi sub Tartara	j'envoyai sous le Tartare
regem Herilum ;	le roi Hérilus ;
cui nascenti,	auquel naissant,
horrendum dictu !	chose effrayante à être dite !
mater Feronia	*sa* mère Féronia
dederat tres animas,	avait donné trois vies,
terna arma movenda ;	de triples armes à-mouvoir ;
erat sternendus ter leto :	il était à-abattre trois-fois par la mort :
cui tamen	auquel (à lui) cependant
hæc dextra abstulit tunc	cette droite enleva alors
omnes animas,	toutes *ses* vies,
et exuit	et *le* dépouilla
totidem armis.	de tout-autant d'armures.
Ego non divellerer	Je ne me séparerais pas
nunc usquam	maintenant quelque part
tuo dulci amplexu, nate;	de ton doux embrassement, *mon fils;*
neque usquam	et nulle part (jamais)
Mezentius finitimus,	Mézence *mon* voisin,
insultans huic capiti,	insultant à cette tête (la mienne),
dedisset ferro	n'aurait donné (fait) avec le fer
tot funera sæva,	tant de funérailles (massacres) horribles,
viduasset urbem	n'aurait rendu-veuve (privé) la ville
civibus tam multis.	de citoyens si nombreux.
At quæso vos, o Superi,	Mais je prie vous, *ô dieux* d'en-haut,
et tu, Jupiter,	et toi, Jupiter,
maxime rector divum,	très-grand maître des dieux,
miserescite regis Arcadii,	ayez pitié du roi Arcadien,
et audite preces patrias :	et entendez les prières d'un-père :
Si vestra numina,	Si vos décrets-divins,
si fata reservant mihi	si les destins réservent à moi
Pallanta incolumem,	Pallas sain-et-sauf,

Si visurus eum vivo, et venturus in unum,
Vitam oro; patiar quemvis durare laborem.
Sin aliquem infandum casum, Fortuna, minaris;
Nunc, nunc o liceat crudelem abrumpere vitam,
Dum curæ ambiguæ, dum spes incerta futuri,   580
Dum te, care puer, mea sola et sera voluptas,
Complexu teneo; gravior ne nuntius aures
Vulneret. » Hæc genitor digressu dicta supremo
Fundebat; famuli collapsum in tecta ferebant.

Jamque adeo exierat portis equitatus apertis;   585
Æneas inter primos, et fidus Achates;
Inde alii Trojæ proceres. Ipse agmine Pallas
In medio, chlamyde et pictis conspectus in armis :
Qualis, ubi Oceani perfusus Lucifer unda,
Quem Venus ante alios astrorum diligit ignes,   590
Extulit os sacrum cœlo, tenebrasque resolvit.
Stant pavidæ in muris matres, oculisque sequuntur
Pulveream nubem, et fulgentes ære catervas.

pour l'embrasser encore, je vous demande de prolonger ma vie :
j'accepte à ce prix tous les revers. Mais si tu me prépares quelque
coup funeste, ô Fortune, qu'à l'instant, oui, qu'à l'instant même
soit rompue la trame de mes jours misérables; tandis que mes
craintes sont encore mêlées de doute et que l'incertain avenir me
laisse l'espérance; tandis que je te tiens encore entre mes bras, ô
mon fils, ô toi le seul, le dernier bonheur de ma vieillesse; que je
meure avant qu'une fatale nouvelle ne vienne blesser mes oreilles. »
Ainsi ce père désolé exhalait ses suprêmes adieux : ses serviteurs
l'emportent évanoui dans sa demeure.

Déjà les cavaliers ont franchi les portes de la ville. Énée marchait
au premier rang, accompagné du fidèle Achate et suivi des autres
chefs des Troyens. Pallas, au milieu des siens, se faisait remarquer
par sa brillante chlamyde et par l'éclat varié de ses armes. Tel Lucifer, encore tout baigné des flots de l'Océan, Lucifer que Vénus chérit entre tous les feux de l'Olympe, lève dans les cieux sa tête sacrée
et dissipe les ténèbres. Debout sur les remparts, les mères tremblantes suivent du regard le nuage poudreux et les escadrons res-
plendissants d'airain. La troupe armée s'avance, à travers les buis-

si vivo visurus eum, — si je vis devant voir lui,
et venturus in unum, — et devant venir en un (me réunir à lui),
oro vitam ; — je demande la vie ;
patiar durare — j'aurai-la-patience d'endurer
quemvis laborem. — quelque travail que ce soit.
Sin minaris, Fortuna, — Si au contraire tu *me* menaces, *ó* Fortune,
aliquem casum infandum ; — de quelque malheur inexprimable ;
nunc, — que maintenant,
o nunc liceat — oh que maintenant il *me* soit-permis
abrumpere — de rompre (terminer)
vitam crudelem, — une vie cruelle,
dum curæ ambiguæ, — tandis que *mes* soucis *sont* douteux,
dum spes futuri — tandis que l'attente de l'avenir
incerta, — *est* incertaine,
dum teneo — tandis que je tiens
complexu — dans *mon* embrassement
te, care puer, — toi, *mon* cher enfant,
mea sera et sola voluptas ; — ma tardive et seule volupté ;
ne nuntius gravior — de peur qu'une nouvelle trop pénible
vulneret aures. » — ne blesse *mes* oreilles. »
Genitor — Le père
fundebat hæc dicta — versait ces paroles
digressu supremo ; — à *cette* séparation suprême ;
famuli ferebant in tecta — *ses* serviteurs *le* rapportaient à *sa* demeure
collapsum. — évanoui.

Jamque adeo — Et déjà précisément
equitatus exierat — la troupe-à-cheval était sortie
portis apertis ; — des portes ouvertes ;
Æneas inter primos, — Enée *se trouvait* au milieu des premiers,
et fidus Achates ; — et *aussi* le fidèle Achate ;
inde alii proceres Trojæ. — puis les autres grands de Troie.
Pallas ipse — Pallas lui-même
in medio agmine, — *est* au milieu de la troupe,
conspectus in chlamyde — remarquable dans *sa* chlamyde
et armis pictis : — et dans *ses* armes peintes :
qualis, ubi Lucifer — *tel* que, quand Lucifer
perfusus unda Oceani, — arrosé de l'onde de l'Océan,
quem Venus diligit — *Lucifer* que Vénus chérit
ante alios ignes astrorum, — avant les autres feux des astres,
extulit os sacrum cœlo, — a élevé *sa* tête sacrée dans le ciel,
resolvitque tenebras. — et dissout (dissipe) les ténèbres.
Matres pavidæ — Les mères craintives
stant in muris, — sont-debout sur les murs,
sequunturque oculis — et suivent des yeux
nubem pulveream, — ce nuage poudreux,
et catervas fulgentes ære. — et les cohortes éclatantes d'airain.
Olli tendunt armati — Eux se dirigent armés

Olli per dumos, qua proxima meta viarum,
Armati tendunt : it clamor, et, agmine facto,   595
Quadrupedante putrem sonitu quatit ungula campum.

    Est ingens gelidum lucus prope Cæritis amnem,
Religione patrum late sacer ; undique colles
Inclusere cavi, et nigra nemus abiete cingunt.
Silvano fama est veteres sacrasse Pelasgos,   600
Arvorum pecorisque deo, lucumque diemque,
Qui primi fines aliquando habuere Latinos.
Haud procul hinc Tarcho et Tyrrheni tuta tenebant
Castra locis, celsoque omnis de colle videri
Jam poterat legio, et latis tendebat in arvis.   605
Huc pater Æneas et bello lecta juventus
Succedunt, fessique et equos et corpora curant.

    At Venus æthereos inter dea candida nimbos
Dona ferens aderat ; natumque in valle reducta
Ut procul egelido secretum flumine vidit,   610
Talibus affata est dictis, seque obtulit ultro :
« En perfecta mei promissa conjugis arte

sons, par les chemins les plus courts : un cri part, les rangs se
forment, et les chevaux battent la plaine poudreuse de leur corne
sonnante et tombant en cadence.

    Près du fleuve qui baigne de ses fraîches ondes les murs de Céré,
est un bois immense révéré au loin par une antique et religieuse tradition : des collines, de profonds vallons et de noirs sapins le ceignent de toutes parts. Les Pélasges qui habitèrent les premiers les
frontières du Latium, avaient, dit-on, consacré ce bois à Silvain,
dieu protecteur des champs et des troupeaux, et institué une fête en
son honneur. Non loin de là Tarchon et les Tyrrhéniens se tenaient
retranchés dans leur camp, et déjà, des hauteurs d'une colline, on
pouvait voir leur armée tout entière et ses pavillons qui se déployaient
au loin dans la plaine. Énée avec sa troupe d'élite s'arrête là ; les
cavaliers et les chevaux s'y reposent de leurs fatigues.

    Cependant Vénus apparaît radieuse au sein d'un brillant nuage,
apportant à son fils ses divins présents. Elle aperçoit Énée, seul
au fond d'une vallée et à quelque distance des bords du fleuve ;
elle s'offre tout à coup à ses yeux et lui parle en ces termes : « Voici
les présents que je t'avais promis, ouvrage de **mon** époux et chef-

per dumos, — à travers les halliers,
qua meta viarum par où la borne (le terme) de la route
proxima : *est* le plus proche :
clamor it, un cri va (s'élève),
et, agmine facto, et, un bataillon étant formé,
ungula quatit le sabot *du cheval* ébranle
sonitu quadrupedante du bruit de-*ses*-quatre-pieds
campum putrem. la plaine poudreuse.
   Est ingens lucus   Il est un grand bois
prope amnem gelidum près du fleuve frais
Cæritis, de Céré,
sacer late sacré au loin
religione patrum ; par le respect-religieux des pères ;
colles cavi des collines creuses *à leur pied*
inclusere undique, *l'*ont enfermé (le ceignent) de tous côtés,
et cingunt nemus et enveloppent la forêt
abiete nigra. d'un sapin noir.
Fama est veteres Pelasgos, La renommée est les anciens Pélasges,
qui primi aliquando qui les premiers autrefois
habuere fines Latinos, occupèrent les confins du-Latium,
sacrasse avoir consacré
lucumque diemque et un bois et un jour *de fête*
Silvano, à Silvain,
deo arvorum pecorisque. le dieu des champs et des troupeaux.
Haud procul hinc Non loin de là
Tarcho et Tyrrheni Tarchon et les Tyrrhéniens
tenebant castra occupaient un camp
tuta locis, sûr par les lieux (par son assiette),
jamque de colle celso et déjà d'une colline élevée
omnis legio poterat videri, toute la légion pouvait être vue,
et tendebat in arvis latis. et avait-ses-tentes dans des champs vastes.
Pater Æneas Le père (héros) Énée
et juventus lecta bello et la jeunesse choisie pour la guerre
succedunt huc, entrent là,
fessique curant et fatigués ils soignent
et equos et corpora. et *leurs* chevaux et *leurs* corps.
   At Venus,   Mais Vénus,
dea candida, la déesse blanche (radieuse),
aderat ferens dona arrivait apportant *ses* présents
inter nimbos æthereos ; à travers les nuages éthérés ;
utque vidit natum et dès qu'elle vit *son* fils
secretum in valle reducta, à-l'écart dans une vallée retirée,
procul flumine egelido, à distance du fleuve frais,
affata est talibus dictis, elle *lui* parla en de tels termes,
seque obtulit ultro : et s'offrit *à lui* spontanément :
« En munera promissa « Voici les présents promis
perfecta arte mei conjugis ; exécutés par l'art de mon époux ;

Munera; ne mox aut Laurentes, nate, superbos
Aut acrem dubites in prælia poscere Turnum. »
Dixit, et amplexus nati Cytherea petivit;   615
Arma sub adversa posuit radiantia quercu.

Ille deæ donis et tanto lætus honore
Expleri nequit, atque oculos per singula volvit,
Miraturque, interque manus et brachia versat
Terribilem cristis galeam flammasque vomentem,   620
Fatiferumque ensem, loricam ex ære rigentem,
Sanguineam, ingentem, qualis quum cærula nubes
Solis inardescit radiis longeque refulget;
Tum leves ocreas electro auroque recocto,
Hastamque, et clypei non enarrabile textum.   625

Illic res Italas Romanorumque triumphos,
Haud vatum ignarus venturique inscius ævi,
Fecerat Ignipotens; illic genus omne futuræ
Stirpis ab Ascanio, pugnataque in ordine bella.
Fecerat et viridi fetam Mavortis in antro   630

d'œuvre d'un art divin. Maintenant n'hésite plus, ô mon fils, à dé-
fier au combat et les superbes Laurentins et le bouillant Turnus. »
A ces mots la déesse de Cythère embrasse tendrement son fils et pose
devant lui sous un chêne les armes étincelantes.

Ravi des présents de la déesse, fier d'un si grand honneur, Énée
ne peut se rassasier de la vue de ces armes; ses yeux avides en exa-
minent chaque partie; il admire, il tourne et retourne entre ses
mains, dans ses bras, ce casque à la terrible aigrette et vomissant
des flammes, cette épée qui porte la mort, cette cuirasse roidie par
l'airain, sanglante, immense, pareille au nuage azuré qui s'enflamme aux rayons du soleil et réfléchit au loin ses feux, et ces cuis-
sarts polis où l'argent se mêle à l'or pur, et la lance, et surtout le
bouclier, ouvrage merveilleux qui ne se peut décrire.

Là, le dieu du feu, pour qui l'avenir et les destins n'ont rien de
caché, avait retracé les grandes choses de l'Italie et les triomphes
des Romains; là figurait toute la suite des descendants d'Ascagne et
la longue série des guerres à venir. On y voyait l'antre de Mars,

ne dubites, nate,	n'hésite pas, *ô mon* fils,
poscere mox	à demander (provoquer) bientôt
in prælia	aux combats
aut Laurentes superbos	ou les Laurentins superbes
aut acrem Turnum. »	ou le bouillant Turnus. »
Cytherea dixit,	Cythérée dit,
et petivit	et elle chercha
amplexus nati;	les embrassements de *son* fils;
posuit sub quercu adversa	elle posa sous un chêne en-face
arma radiantia.	les armes rayonnantes.
Ille lætus donis deæ	Lui joyeux des dons de la déesse
et tanto honore	et d'un si grand honneur (présent)
nequit expleri,	ne-peut se rassasier,
atque volvit oculos	et roule *ses* yeux
per singula,	par (sur) chaque *pièce de l'armure*,
miraturque,	et il admire,
versatque inter manus	et il retourne entre *ses* mains
et brachia	et *ses* bras
galeam terribilem cristis	le casque terrible par *ses* aigrettes
vomentemque flammas,	et vomissant des flammes,
ensemque fatiferum,	et l'épée qui-apporte-le-destin (la mort),
loricam	la cuirasse
rigentem ex ære,	roide de l'airain *dont elle est faite*,
sanguineam, ingentem,	sanglante (effrayante), immense,
qualis,	*telle* que,
quum nubes cærula	quand un nuage azuré
inardescit radiis solis	s'enflamme des rayons du soleil
refulgetque longe;	et reluit au loin;
tum ocreas leves	puis les jambarts polis
electro auroque recocto,	d'électrum et d'or deux-fois-cuit,
hastamque,	et la lance,
et textum non enarrabile	et la contexture non possible-à-décrire
clypei.	du bouclier.
Illic Ignipotens,	Là le *dieu* maître-du-feu,
haud ignarus vatum	non ignorant des *prédictions des* devins
insciusque ævi venturi,	et *non* sans-connaissance de l'âge à-venir,
fecerat res Italas	avait fait (représenté) les faits d'-Italie,
triumphosque	et les triomphes
Romanorum;	des Romains;
illic omne genus	là *il avait représenté* toute la descendance
stirpis futuræ	de la race qui devait être (sortir)
ab Ascanio,	d'Ascagne,
bellaque pugnata	et les guerres combattues (faites)
in ordine.	dans *leur* ordre.
Fecerat et lupam	Il avait représenté aussi une louve
fetam	qui-avait-mis-bas
procubuisse	s'être couchée

Procubuisse lupam : geminos huic ubera circum
Ludere pendentes pueros, et lambere matrem
Impavidos; illam tereti cervice reflexam
Mulcere alternos, et corpora fingere lingua.
Nec procul hinc Romam, et raptas sine more Sabinas   635
Consessu caveæ, magnis circensibus actis,
Addiderat, subitoque novum consurgere bellum
Romulidis, Tatioque seni, Curibusque severis.
Post idem, inter se posito certamine, reges,
Armati Jovis ante aram, paterasque tenentes   640
Stabant, et cæsa jungebant fœdera porca.
Haud procul inde, citæ Metium in diversa quadrigæ
Distulerant; at tu dictis, Albane, maneres!
Raptabatque viri mendacis viscera Tullus
Per silvam, et sparsi rorabant sanguine vepres.   645
Nec non Tarquinium ejectum Porsenna jubebat
Accipere, ingentique urbem obsidione premebat;

où, couchée sur l'herbe verdoyante, une louve nouvellement mère
allaitait deux enfants jumeaux. Pendus à ses mamelles, ils s'y
jouaient et suçaient sans effroi leur sauvage nourrice, tandis qu'in-
clinant sur eux sa tête fauve, elle les caressait tour à tour et façonnait leur corps de sa langue. Plus loin on voyait Rome, et les Sabines audacieusement enlevées du milieu de la foule réunie dans
l'amphithéâtre et pendant les grands jeux du cirque. Alors une nouvelle guerre s'allume entre les tribus de Romulus et le vieux Tatius
et ses austères Sabins. Bientôt les deux rois, cessant de combattre,
se montrent debout, encore tout armés, devant l'autel de Jupiter,
et tenant une coupe à la main; ils se jurent sur les entrailles d'une
truie immolée une éternelle alliance. Non loin de là de rapides quadriges, courant en sens contraire, déchiraient Métius en lambeaux.
(Mais aussi, perfide Albain, que ne gardais-tu tes serments!) Tullus faisait traîner à travers la forêt les membres palpitants de ce
traître : les ronces dégouttaient arrosées de son sang. Près de là
Porsenna, ramenant les Tarquins bannis, voulait que Rome les re-
çût, et pressait la ville par un siége opiniâtre; mais les descendants

in antro viridi Mavortis : / dans l'antre vert de Mars :
geminos pueros / deux *petits* enfants
pendentes huic / pendant à elle
circum ubera / autour de *ses* mamelles
ludere, / jouer,
et lambere matrem / et lécher *leur* mère
impavidos; / sans-effroi;
illam reflexam / elle repliée
cervice tereti / avec *son* cou rond
mulcere alternos, / *les* caresser l'un-après-l'autre,
et fingere corpora / et façonner *leurs* corps
lingua. / avec *sa* langue.
Nec procul hinc / Et non loin de là
addiderat Romam, / il avait ajouté Rome,
et Sabinas / et les Sabines
raptas sine more / enlevées sans loi (contre toute loi)
consessu caveæ, / dans l'assemblée du théâtre,
magnis circensibus actis, / les grands jeux-du-cirque se célébrant,
subitoque novum bellum / et tout à coup une nouvelle guerre
consurgere / s'élever
Romulidis, / pour les compagnons-de-Romulus,
senique Tatio, / et le vieux Tatius,
Curibusque severis. / et les Cures sévères.
Post idem reges, / Puis les mêmes rois,
certamine posito inter se, / le combat étant déposé (fini) entre eux,
stabant armati / se tenaient *encore* armés
ante aram Jovis, / devant l'autel de Jupiter,
tenentesque pateras, / et tenant des coupes,
et jungebant fœdera / et joignaient (concluaient) une alliance
porca cæsa. / une truie étant immolée.
Haud procul inde, / Non loin de là,
quadrigæ citæ / des quadriges rapides
distulerant in diversa / avaient emporté de divers *côtés* (écartelé)
Metium; / Métius;
at tu maneres, Albane, / mais tu devais-rester, Albain,
dictis! / dans les choses dites (tenir ta parole)!
Tullusque raptabat / et Tullus faisait-traîner
per silvam / à travers la forêt
viscera / les entrailles (les membres)
viri mendacis, / de *cet* homme menteur,
et vepres rorabant / et les buissons dégouttaient
sparsi sanguine. / étant arrosés de sang.
Nec non Porsenna jubebat / Et aussi Porsenna ordonnait
accipere / de recevoir
Tarquinium ejectum, / Tarquin expulsé
premebatque urbem / et pressait la ville
ingenti obsidione; / d'un immense siège;

Æneadæ in ferrum pro libertate ruebant.
Illum indignanti similem, similemque minanti
Adspiceres, pontem auderet quod vellere Cocles,　　　65̇4̇
Et fluvium vinclis innaret Clœlia ruptis.

In summo custos Tarpeiæ Manlius arcis
Stabat pro templo, et Capitolia celsa tenebat,
Romuleoque recens horrebat regia culmo.
Atque hic auratis volitans argenteus anser　　　655
Porticibus, Gallos in limine adesse canebat;
Galli per dumos aderant, arcemque tenebant,
Defensi tenebris, et dono noctis opacæ.
Aurea cæsaries ollis, atque aurea vestis;
Virgatis lucent sagulis; tum lactea colla　　　660
Auro innectuntur; duo quisque Alpina coruscant
Gæsa manu, scutis protecti corpora longis.
Hic exsultantes Salios, nudosque Lupercos,
Lanigerosque apices, et lapsa ancilia cœlo
Extuderat: castæ ducebant sacra per urbem　　　665
Pilentis matres in mollibus. Hinc procul addit

d'Énée couraient aux armes pour défendre la liberté. Porsenna, l'air
indigné, l'œil menaçant, frémit à l'aspect de Coclès osant rompre
le pont du Tibre ; de Clélie, qui, brisant ses fers, traverse le fleuve
à la nage.

Vers le bord supérieur du bouclier, Manlius gardait le temple
de Jupiter et le haut Capitole. Un chaume récent hérissait encore
le palais de Romulus. Une oie au plumage argenté, voltigeant
sous l'or des portiques, trahissait par ses cris l'approche des Gau-
lois : les Barbares, se glissant à travers les buissons, sont près d'entrer et de surprendre la citadelle, favorisés par les ténèbres et par
la profonde obscurité d'une nuit amie. On les reconnaît au blond
doré de leur chevelure, à l'or de leurs vêtements, à leurs sayons
rayés, aux colliers d'or qui entourent leur cou blanc comme le
lait. Dans leurs mains luisent deux javelots des Alpes, et de longs
boucliers protègent tout leur corps. Ailleurs le céleste burin avait
gravé les Saliens bondissant en cadence, les Luperques nus, et les
Flamines avec leurs houppes de laine et les petits boucliers tombés
du ciel : de chastes matrones promenant par la ville les symboles
sacrés, s'avançaient sur des chars au mol essieu. Plus loin, Vulcain
avait représenté le Tartare, sombre et profonde demeure de Pluton,

Æneadæ	les descendants-d'Énée
ruebant in ferrum	couraient au fer (aux armes)
pro libertate.	pour la liberté.
Adspiceres illum	Tu pourrais-voir lui (Porsenna)
similem indignanti,	semblable à un *homme* qui s'indigne,
similemque minanti,	et semblable à un *homme* qui menace,
quod Cocles	parce que Coclès
auderet vellere pontem,	osait arracher (couper) le pont,
et Clœlia innaret fluvium,	et *que* Clélie traversait-à-la-nage le fleuve,
vinculis ruptis.	*ses* liens étant rompus.
In summo	Sur le haut *du bouclier*
Manlius,	Manlius,
custos arcis Tarpeiæ,	gardien de la citadelle Tarpéienne,
stabat pro templo,	se tenait devant le temple,
et tenebat Capitolia celsa,	et occupait le Capitole élevé,
regiaque	et la demeure-royale
recens	récente (récemment construite)
horrebat culmo Romuleo.	était hérissée du chaume de-Romulus.
Atque hic anser argenteus	Et là une oie d'-argent
volitans porticibus auratis,	voltigeant dans le portique orné-d'or,
canebat	chantait (annonçait)
Gallos adesse in limine;	les Gaulois être-présents sur le seuil;
Galli aderant	les Gaulois arrivaient
per dumos,	à travers les broussailles,
tenebantque arcem,	et tenaient *presque* la citadelle,
defensi tenebris,	protégés par les ténèbres,
et dono	et par le présent (à la faveur)
noctis opacæ.	d'une nuit épaisse.
Cæsaries aurea ollis,	Une chevelure d'-or *était* à eux,
atque vestis aurea;	et des vêtements d'-or;
lucent sagulis virgatis;	ils brillent par *leurs* sayons rayés;
tum colla lactea	puis *leurs* cous blancs-comme-le-lait
innectuntur auro;	sont enlacés d'or;
coruscant manu	ils brandissent de *leur* main
quisque duo gæsa Alpina,	chacun deux gèses des-Alpes,
protecti corpora	protégés quant à *leurs* corps
longis scutis.	par de longs boucliers.
Extuderat hic	Il avait façonné là
Salios exsultantes,	les Saliens dansant,
Lupercosque nudos,	et les Luperques nus,
apicesque lanigeros,	et *leurs* bonnets garnis-de-laine,
et ancilia lapsa cœlo :	et les boucliers tombés du ciel :
castæ matres	les chastes mères
ducebant sacra	promenaient les *objets* sacrés
per urbem	à travers la ville
in pilentis mollibus.	dans des chars doux.
Procul hinc addit etiam	A-quelque-distance de là il ajoute encore

Tartareas etiam sedes, alta ostia Ditis,
Et scelerum pœnas; et te, Catilina, minaci
Pendentem scopulo, Furiarumque ora trementem;
Secretosque pios, his dantem jura Catonem.   670
    Hæc inter [1] tumidi late maris ibat imago
Aurea, sed fluctu spumabant cærula cano;
Et circum argento clari delphines in orbem
Æquora verrebant caudis, æstumque secabant.
In medio classes æratas, Actia bella,   675
Cernere erat, totumque instructo Marte videres
Fervere Leucaten, auroque effulgere fluctus.
Hinc Augustus agens Italos in prælia Cæsar,
Cum Patribus, populoque, Penatibus, et magnis dis,
Stans celsa in puppi : geminas cui tempora flammas   680
Læta vomunt, patriumque aperitur vertice sidus.
Parte alia, ventis et dis Agrippa secundis,
Arduus agmen agens : cui, belli insigne superbum,
Tempora navali fulgent rostrata corona [2].
Hinc ope barbarica variisque Antonius armis,   685

---

et le supplice des criminels, et toi, Catilina, suspendu à une roche
qui menace toujours de tomber, et tremblant devant les Furies : on
voyait, à l'écart, la retraite des hommes pieux, et Caton leur don-
nant des lois.

    Au milieu de ces merveilleux tableaux se déployait sur l'or l'image
d'une mer enflée par le vent et déroulant au loin ses ondes d'azur et
blanchissantes d'écume. Çà et là des dauphins d'argent pur, nageant
en cercle, balayaient de leurs queues la plaine liquide et fendaient
les flots bouillonnants. On découvrait en pleine mer deux flottes aux
proues d'airain qui représentaient le combat d'Actium : on voyait
toute la côte de Leucate agitée par le formidable appareil de Mars,
et l'onde réfléchissant au loin l'éclat des armes d'or. D'un côté,
César Auguste entraîne aux combats les Italiens, le sénat et le
peuple, les dieux de Rome et les dieux de l'Olympe : il est debout
sur sa poupe élevée; de son front rayonnant jaillissent deux flammes,
et l'astre paternel resplendit sur sa tête. A l'autre aile, Agrippa,
favorisé des vents et des dieux, s'avance d'un air de triomphe à la
tête de ses guerriers : la couronne rostrale, insigne trophée de
guerre, brille sur les tempes du héros. Du côté opposé, c'est Antoine,
soutenu de ses alliés barbares, foule innombrable et bigarrée d'armes

sedes Tartareas,	la demeure du-Tartare,
ostia alta Ditis,	ouvertures profondes de Pluton,
et pœnas scelerum;	et les châtiments des crimes;
et te, Catilina,	et toi, Catilina,
pendentem scopulo minaci,	suspendu à une roche menaçante,
trementemque	et voyant-avec-épouvante
ora Furiarum;	les visages des Furies;
piosque secretos,	et les *hommes* pieux mis-à-part,
Catonem dantem jura his.	Caton donnant(rendant) la justice à eux.
Inter hæc	Au milieu de ces *sujets*
ibat imago aurea	allait (se déroulait) l'image d'-or
maris tumidi late,	d'une mer enflée au loin,
sed cærula	mais les *plaines* azurées
spumabant fluctu cano;	écumaient d'un flot blanc;
et circum delphines	et autour des dauphins
clari argento	éclatants par l'argent *dont ils étaient faits*
verrebant in orbem caudis	balayaient en cercle de *leurs* queues
æquora,	les plaines *liquides*,
secabantque	et coupaient (fendaient)
æstum.	le bouillonnement *de la mer.*
In medio	Au milieu *de la mer*
erat cernere	il était *possible* de voir
classes æratas,	des flottes garnies-d'airain,
bella Actia,	le combat d'-Actium,
videresque Leucaten	et tu pourrais-voir Leucate
totum	tout-entier
fervere Marte instructo,	être agité par Mars rangé *en bataille*,
fluctusque effulgere auro.	et les flots briller par l'or.
Hinc Cæsar Augustus	D'ici (d'un côté) César Auguste
agens Italos in prœlia,	conduisant les Italiens au combat,
cum Patribus, populoque,	avec les Pères (le sénat), et le peuple,
Penatibus, et magnis dis,	les Pénates, et les grands dieux,
stans in puppi celsa:	se tenant-debout sur la poupe élevée:
cui tempora læta	auquel *ses* tempes joyeuses
vomunt geminas flammas,	vomissent une double flamme,
sidusque patrium	et l'astre paternel
aperitur vertice.	se découvre (s'élève) sur *sa* tête.
Alia parte Agrippa,	D'une autre part Agrippa,
ventis et dis secundis,	les vents et les dieux *étant* favorables,
arduus agens agmen :	dressé conduisant *sa* troupe :
cui,	auquel,
insigne superbum belli,	insigne superbe de guerre,
tempora fulgent	*ses* tempes brillent
rostrata corona navali.	ceintes d'une couronne navale.
Hinc Antonius	De là (de l'autre côté) Antoine
ope barbarica	avec une puissance (armée) de-barbares
armisque variis,	et des armes (troupes) diverses,

Victor ab Auroræ populis et littore rubro,
Ægyptum, viresque Orientis, et ultima secum
Bactra vehit, sequiturque, nefas! Ægyptia conjux.
Una omnes ruere, ac totum spumare, reductis
Convulsum remis rostrisque tridentibus, æquor '.   690
Alta petunt : pelago credas innare revulsas
Cycladas ², aut montes concurrere montibus altos;
Tanta mole viri turritis puppibus instant!
Stuppea flamma manu, telisque volatile ferrum
Spargitur; arva nova Neptunia cæde rubescunt.   695
Regina in mediis patrio vocat agmina sistro;
Necdum etiam geminos a tergo respicit angues.
Omnigenumque deum monstra, et latrator Anubis
Contra Neptunum et Venerem, contraque Minervam
Tela tenent : sævit medio in certamine Mavors   700
Cælatus ferro, tristesque ex æthere Diræ;
Et scissa gaudens vadit Discordia palla,

---

diverses. Vainqueur des peuples de l'Aurore et de ceux des rivages de la mer Rouge, il amène avec lui l'Égypte, les forces de l'Orient, les Bactriens relégués aux dernières limites du monde, et traîne à sa suite, ô honte! une épouse Égyptienne. Tous à la fois s'élancent : déchirée par le tranchant des rames ramenées en arrière, et par la triple dent des éperons, la mer se couvre partout d'écume. Ils cinglent au large : on croirait voir, arrachées de leur base, les Cyclades nager sur les ondes, ou des monts gigantesques se heurter contre des monts, tant s'abordent d'un rude effort ces masses chargées de tours et de guerriers! L'étoupe enflammée, le fer ailé des flèches volent de toutes parts; les plaines de Neptune se rougissent d'un carnage nouveau. La reine, au milieu de sa flotte, anime ses soldats au son du sistre égyptien, et n'aperçoit pas encore derrière elle les deux serpents qui l'attendent. Toutes les divinités monstrueuses de son pays, et l'aboyant Anubis à leur tête, se sont armées contre Neptune, Vénus et Minerve : Mars, gravé sur le fer, déchaîne ses fureurs au sein de la mêlée; les cruelles Furies planent au-dessus des combattants; la Discorde, la robe en lambeaux, court en triomphe de rang en

victor a populis Auroræ
et littore rubro,
vehit secum Ægyptum,
viresque Orientis,
et Bactra ultima,
conjuxque Ægyptia,
nefas !
sequitur.
Ruere omnes una,
ac æquor totum spumare,
convulsum remis
reductis
rostrisque tridentibus.
Petunt alta :
credas
Cycladas revulsas
innare pelago,
aut montes altos
concurrere montibus ;
tanta mole viri
instant puppibus
turritis !
Flamma stuppea,
ferrumque volatile telis,
spargitur manu ;
arva Neptunia
rubescunt
cæde nova.
Regina in mediis
vocat agmina
sistro patrio ;
necdum respicit etiam
a tergo
geminos angues.
Monstraque
deum omnigenum,
et Anubis latrator
tenent tela
contra Neptunum
et Venerem,
contraque Minervam :
Mavors cælatus ferro
sævit in medio certamine,
Diræque tristes
ex æthere ;
et Discordia gaudens vadit
palla scissa,

vainqueur *revenant* des peuples de l'Aurore
et du rivage rouge (de la mer Rouge),
amène avec-lui l'Egypte,
et les forces de l'Orient,
et Bactres la plus reculée *du monde*
et une épouse Egyptienne,
ô honte !
le suit.
Ils commencent à se précipiter tous à la fois,
et la plaine *liquide* tout-entière à écumer,
ébranlée par les rames
ramenées-en-arrière
et par les éperons à-trois-dents (pointes).
Ils gagnent les hautes *eaux* :
tu croirais (on dirait)
les Cyclades arrachées
nager (flotter)-sur la mer,
ou des monts élevés
se heurter-contre des monts ;
avec une si grande masse les guerriers
se tiennent-sur les poupes
garnies-de-tours !
La flamme d'-étoupes *allumées*,
et le fer qui-vole en traits,
sont répandus (lancés) avec la main ;
les champs de-Neptune
rougissent
d'un carnage nouveau (extraordinaire).
La reine au milieu des *combattants*
appelle les bataillons
avec le sistre de-*sa*-patrie ;
et ne regarde pas encore
par derrière
les deux serpents.
Et les faces-monstrueuses
de dieux de-toute-espèce,
et Anubis qui-aboie
tiennent des armes
contre Neptune
et Vénus,
et contre Minerve :
Mars ciselé en fer
sévit au milieu de la mêlée,
et les Furies funestes
sévissent du haut de l'air ;
et la Discorde joyeuse marche
son manteau étant déchiré,

Quam cum sanguineo sequitur Bellona flagello.
Actius hæc cernens arcum intendebat Apollo
Desuper : omnis eo terrore Ægyptus, et Indi,   705
Omnis Arabs, omnes vertebant terga Sabæi [1].
Ipsa videbatur ventis regina vocatis
Vela dare, et laxos jam jamque immittere funes.
Illam inter cædes pallentem morte futura
Fecerat Ignipotens undis et Iapyge [2] ferri ;   710
Contra autem magno mœrentem corpore Nilum,
Pandentemque sinus, et tota veste vocantem
Cæruleum in gremium latebrosaque flumina victos.
    At Cæsar, triplici invectus Romana triumpho
Mœnia, dis Italis votum immortale sacrabat,   715
Maxima ter centum totam delubra per urbem.
Lætitia ludisque viæ plausuque fremebant ;
Omnibus in templis matrum chorus, omnibus aræ ;
Ante aras, terram cæsi stravere juvenci.
Ipse, sedens niveo candentis limine Phœbi,   720
Dona recognoscit populorum, aptatque superbis

rang, et Bellone la suit, armée d'un fouet ensanglanté. Mais du
haut de son temple d'Actium, Apollon regardait ces combats et ban
dait son arc. Soudain frappés de terreur, les peuples de l'Égypte et
de l'Inde, l'Arabe et le Sabéen, tous ensemble prennent la fuite. On
voit la reine elle-même, implorant les vents, lâcher les cordages et
déployer toutes ses voiles. Le dieu du feu l'avait représentée au milieu du carnage, déjà pâle de sa mort prochaine, et poussée sur les
flots par le souffle de l'Iapyx. Le Nil, colosse immense, apparaissait
en pleurs devant elle, déroulant les longs plis de sa robe, et ouvrant,
pour cacher les vaincus, son vaste sein d'azur et ses grottes profondes.
    Mais César, trois fois triomphant, entrait dans les murs de Rome,
porté sur son char, acquittait un vœu solennel aux dieux de l'Italie
et leur consacrait dans la ville trois cents temples immenses. Rome
entière retentissait des éclats de la joie, du bruit des jeux et des applaudissements : les dames Romaines formaient des chœurs dans tous
les temples : chaque temple avait ses autels, et partout devant les
autels les taureaux immolés jonchaient la terre. César lui-même,
sur le seuil blanc comme la neige du temple du blond Apollon, reçoit les offrandes des peuples et les suspend aux superbes portiques

quam Bellona sequitur   *la Discorde* que Bellone suit
cum flagello sanguineo.   avec un fouet sanglant.
Apollo Actius cernens hæc   Apollon d'-Actium voyant ces *luttes*
intendebat arcum desuper :   tendait *son* arc d'au-dessus (d'en haut) :
eo terrore   par cette terreur *qu'il inspirait*
omnis Ægyptus, et Indi,   toute l'Egypte, et les Indiens,
omnis Arabs,   tout Arabe (tous les Arabes),
omnes Sabæi   tous les Sabéens
vertebant terga.   tournaient le dos.
Regina ipsa   La reine elle-même
videbatur dare vela,   était vue donner (déployer) les voiles,
ventis vocatis,   les vents étant invoqués,
et jam jamque   et déjà et déjà (de plus en plus)
immittere funes laxos.   laisser-aller les cordages lâches.
Ignipotens fecerat   Le *dieu* maître-du-feu avait fait (représenté)
illam inter cædes   elle au milieu du carnage
pallentem morte futura   pâle de *sa* mort future (prochaine)
ferri undis et Iapyge ;   être portée sur les ondes et par l'Iapyx ;
contra autem   mais de-l'autre-côté *il avait représenté*
Nilum magno corpore   le Nil au grand corps
mœrentem,   attristé,
pandentemque sinus,   et ouvrant les replis *de sa robe,*
et veste tota   et avec *sa* robe tout-entière (déployée)
vocantem victos   appelant les vaincus
in gremium cæruleum   dans *son* sein azuré
fluminaque latebrosa.   et dans *son* fleuve à-retraites.
  At Cæsar,   Mais César,
invectus mœnia Romana   entrant dans les remparts de-Rome
triplici triumpho,   avec un triple triomphe,
sacrabat dis Italis   consacrait aux dieux de-l'Italie
votum immortale,   un vœu (des offrandes) immortel,
ter centum delubra maxima   trois-fois cent temples très-grands
per totam urbem.   dans toute la ville.
Viæ fremebant lætitia   Les rues frémissaient d'allégresse
ludisque plausuque ;   et de jeux et d'applaudissements ;
in omnibus templis   dans tous les temples
chorus matrum,   *était* un chœur de mères,
omnibus aræ ;   dans tous des autels ;
ante aras,   devant les autels,
juvenci cæsi   de jeunes-taureaux immolés
stravere terram.   ont jonché (couvrent) la terre.
Ipse,   Lui-même,
sedens limine niveo   assis sur le seuil blanc-comme-la-neige
Phœbi candentis,   de Phébus blanc (radieux),
recognoscit dona   examine les dons
populorum,   des peuples,
aptatque postibus superbis;   et *les* attache aux portes superbes ;

Postibus; incedunt victæ longo ordine gentes,
Quam variæ linguis, habitu tam vestis et armis.
Hic Nomadum genus et discinctos Mulciber Afros,
Hic Lelegas, Carasque, sagittiferosque Gelonos [1]   725
Finxerat : Euphrates ibat jam mollior undis ,
Extremique hominum Morini, Rhenusque bicornis,
Indomitique Dahæ, et pontem indignatus Araxes [2].

    Talia per clypeum Vulcani, dona parentis,
Miratur, rerumque ignarus imagine gaudet,   730
Attollens humero famamque et fata nepotum.

---

du dieu. Devant lui s'avance la longue file des nations vaincues ,
aussi différentes de langage que de vêtements et d'armures. Ici Vulcain a représenté les Nomades , les Africains à la robe flottante, les
Lélèges , les Cariens et les Gélons qui portent l'arc ; l'Euphrate dont
les ondes coulent plus mollement; les Morins qui habitent au bout
de l'univers; le Rhin à la double corne, les Dahes jusqu'alors indomptés, et l'Araxe , indigné du pont qui l'enchaîne.

    Telles étaient, sur le bouclier, ouvrage de Vulcain et présent de
Vénus, les merveilles qu'admirait Énée. Sans connaître ces grands
événements , il se plaît à en contempler l'image , et charge sur
ses épaules la gloire et les destins de sa postérité.

gentes victæ
incedunt longo ordine,
tam variæ
habitu vestis
et armis,
quam linguis.
Hic Mulciber finxerat
genus Nomadum
et Afros
discinctos,
hic Lelegas, Carasque,
Gelonosque sagittiferos :
Euphrates ibat
jam mollior undis,
Morinique
extremi hominum,
Rhenusque bicornis,
Dahæque indomiti,
et Araxes
indignatus pontem.
    Miratur talia
per clypeum Vulcani,
dona parentis,
ignarusque rerum
gaudet imagine,
attollens humero
famamque
et fata nepotum.

les nations vaincues
s'avancent sur une longue file,
aussi diverses
par la manière-d'être de *leurs* vêtements
et par *leurs* armes,
que par *leurs* langues.
Ici Mulciber (Vulcain) avait représenté
la race des Numides
et les Africains
sans-ceinture (à la robe flottante),
là les Lélèges, et les Cariens,
et les Gélons qui-portent-des-flèches :
l'Euphrate allait (coulait)
déjà plus adouci dans *ses* ondes,
et les Morins
les derniers (les plus reculés) des hommes,
et le Rhin aux-deux-cornes,
et les Dahes indomptés,
et l'Araxe
indigné d'un pont *jeté sur lui.*
    Il admire de telles *ciselures*
sur le bouclier de Vulcain,
présent de *sa* mère,
et ignorant des faits *représentés*
il se réjouit de *leur* image,
élevant sur *son* épaule
et la renommée
et les destins de *ses* descendants.

NOTES.

Page 4 : 1. *Atque animum*, *etc.* Ces deux vers sont déjà dans l'*Énéide*, livre V, 285-86.

— 2. *Sicut aquæ tremulum labris*, *etc.* Silius Italicus, livre VII, 142, a fait usage de la même comparaison :

> *Sicut aquæ splendor, radiatus lampade solis,*
> *Dissultat per tecta. vaga sub imagine vibrans*
> *Luminis, et tremula laquearia verberat umbra.*

Page 6 : 1. *Littoreis ingens inventa*, *etc.* Nous avons déjà vu ces quatre vers, *Énéide*, livre III, 390 et suivants.

— 2. *Albam*. *Albe*, aujourd'hui *Albano*. La ville d'Albe était dans le Latium, à l'orient et à environ douze milles de Rome. Elle fut surnommée *la Longue*, parce qu'elle s'étendait en longueur entre le mont Albain et le lac d'Albe.

Page 8 : 1. *Ripis*, pour *intra ripas; recto flumine*, pour *recto itinere*, de même qu'au livre VI, 900, *recto littore*.

Page 10 : 1. *Tibi enim*. *Enim* n'est pas explétif; *tibi enim* a la même valeur que cette expression familière à la poésie épique en Grèce, σοί γε δή.

Page 12 : 1. *Olli remigio noctemque diemque fatigant*, c'est-à-dire *fatigant se per noctem*. De même au livre VII, 582 :

> *Undique collecti coeunt, Martemque fatigant.*

Page 18 : 1. *Atlas.... Cyllenæ*. *Atlas*, grande chaîne de montagnes en Afrique, qui a donné le nom d'Atlantique à l'Océan occidental. Cette chaîne comprend toutes les hauteurs de la région du Maghreb ou États barbaresques. Les sommets les plus élevés semblent se trouver à l'est du Maroc et au sud-est de Fez. Atlas fut un roi de Mauritanie, qui inventa, dit-on, la sphère. — *Cyllenæ*. *Cyllène*, montagne du Péloponèse, dans l'Arcadie, sur les frontières de l'Achaïe; elle était consacrée à Mercure, que l'on croyait y avoir pris naissance et qui est, pour cette raison, appelé *Cyllenius*.

— 2. *Gens.... Daunia*. Les Rutules; de Daunus, père de Turnus.

— 3. *Et mare, quod supra, teneant, quodque alluit infra*. La mer Adriatique et la mer Tyrrhénienne.

Page 22 : 1. *Onerant canistris*. Comparez, livre I, 195 :

> *Vina bonus quæ deinde cadis onerarat Acestes.*

— 2. *Perpetui tergo bovis*. *Perpetuus* a ici le sens assez rare de *entier*, *tout entier*. C'est une expression empruntée à Homère, *Iliade*, VII, 321 : Νῶτα διηνεκῆ. Ovide a dit aussi, *Métamorphoses*, VII : *Perpetuos dentes serræ*.

Page 32 : 1. *Porgite*, par syncope pour *porrigite*.

Page 34 : 1. *OEchaliam*. On croit que cette ville d'*OEchalie* était dans l'île d'Eubée, dans le voisinage d'Erétrie. On connaît deux autres villes de ce nom : une dans la Messénie, l'autre dans la Thessalie.

Page 38 : 1. *Truncis et duro robore*, pour *truncis duri roboris*. Nous avons déjà fait remarquer plusieurs expressions analogues : *Pateris libamus et auro*, etc.

Page 40 : 1. *Argileti*. L'*Argilète* était un tombeau élevé à un certain *Argus*, hôte d'Évandre. Cet homme conspira contre le roi et fut tué à son insu : c'est pourquoi Évandre jure ici qu'il n'a point violé les droits de l'hospitalité.

Page 44 : 1. *At Venus*, etc. Comparez avec ce passage les prières de Thétis à Vulcain, *Iliade*, XVIII, et les artifices de Junon pour charmer Jupiter, *Iliade*, XIV.

Page 48 : 1. *Liparen*. *Lipara*, aujourd'hui *Lipari*. C'est une des îles Éoliennes, dans la mer Tyrrhénienne, au nord de la Sicile. Elles sont au nombre de treize, dont sept sont habitées; Lipari en est la principale. Toutes offrent des traces volcaniques, et l'une d'elles, Stromboli, renferme un volcan qui fume encore, mais qui ne vomit plus de laves. Les vents qui règnent constamment dans ce groupe d'îles, leur ont fait donner le nom d'*Æoliæ*; et elles doivent celui de *Vulcaniæ* aux nombreux volcans qu'elles renferment : de là le vers 422 :

> *Vulcani domus, et Vulcania nomine tellus.*

Page 52 : 1. *Vulnificusque chalybs*. L'acier est ici appelé *chalybs*, du nom des Chalybes, peuples du royaume de Pont, chez lesquels il y avait des mines de fer et d'acier.

— 2. *Impediunt : alii ventosis follibus auras*, etc. Ces quatre vers se trouvent déjà dans les *Géorgiques*, livre IV, 171 et suiv.

Page 54 : 1. *Pater.... Lemnius*. De Lemnos, où Vulcain, tombé du ciel sur la terre, établit une de ses forges. L'île de Lemnos est dans la mer Égée.

Page 56 : 1. *Opulenta regnis castra*, au lieu de *castra opulentorum regnorum*.

— 2. *Agyllinæ*. *Agylla*, ancienne ville d'Étrurie, fut bâtie par les Pélasges, qui vinrent s'établir dans cette contrée. C'était la ville royale de Mézence. Agylla prit dans la suite le nom de *Cœre*, et le fleuve qui l'arrose celui de *Cœretanus*.

Page 78 : 1. *Hæc inter.....* c'est-à-dire au milieu du bouclier.

— 2. *Tempora navali fulgent rostrata corona*. Octave avait reçu une couronne rostrale pour sa victoire sur Sextus Pompée, dans la guerre de Sicile.

Page 80 : 1. *Convulsum remis rostrisque tridentibus æquor*. On a déjà lu ce vers, livre V, 143.

— 2. *Cycladas*. Les anciens ont donné ce nom de *Cyclades* à un groupe d'îles de l'Archipel disposées en cercle. Elles sont voisines des côtes de la Grèce, et non loin des Sporades, autre groupe d'îles. Les principales Cyclades étaient Naxos, Andros, Délos, Paros, Méos et Astipalée.

Page 82 : 1. *Indi.... Sabœi.* On a déjà remarqué ailleurs que les Romains appelaient Indiens tous les peuples du midi de l'Afrique. — *Sabœi.* Les Sabéens, peuples de l'Arabie heureuse. Ce nom fut étendr' aux peuples qui en étaient voisins, tels que les Minéens et les Homé rites, établis, les uns vers le détroit du golfe Arabique, et les autres sur la mer Érythrée, qui baigne l'Arabie à l'orient et au midi.

— 2. *Iapyge.* Le vent *Iapyx,* autrement le Caurus, soufflait de la Pouille ou *Iapygie :* c'était proprement de l'ouest-nord-ouest.

Page 84 : 1. *Nomadum.... genus.... Lelegas.... Carasque.... Gelonos, etc.* On appelait Nomades, et ce nom est entré avec la même signification dans notre langue, tous les peuples errants qui n'avaient point d'habitation fixe. Il s'agit ici des *Numides* d'Afrique, dont le pays s'étendait au couchant de Carthage.—*Lelegas.* Les *Lélèges* étaient dans l'Asie mineure, entre la Troade et la Cilicie de Thèbes. — Les *Cariens* étaient aussi un peuple de l'Asie mineure, entre l'Ionie et la Doride. — Les *Gélons* étaient, suivant les uns, dans la Thrace, suivant les autres, dans la Scythie. — Les *Dahes* étaient situés entre la mer Caspienne et la Bactriane. — Les *Morins* étaient à l'extrémité de la Gaule Belgique, sur les bords de l'Océan.

— 2. *Pontem indignatus Araxes.* L'*Araxe,* fleuve de la grande Arménie, qu'il sépare de la Médie. Il a sa source dans le mont Abus, à six milles environ de celle de l'Euphrate, et reçoit un grand nombre de rivières et de torrents. « Il est si furieux, dit Chardin, lorsque le dégel le grossit des neiges fondues des monts voisins, qu'il n'y a ni digue ni bâtiment qu'il n'emporte. » Les ponts que Xerxès et Alexandre bâtirent sur ce fleuve furent bientôt renversés, ce qui a donné lieu à cette énergique et pittoresque expression de Virgile : *Pontem indignatus Araxes.*

LIBRAIRIE DE L. HACHETTE ET Cⁱᵉ,

RUE PIERRE-SARRAZIN, Nº 14, A PARIS

(Près de l'École de médecine).

CLASSIQUES GRECS, LATINS ET FRANÇAIS

NOUVELLES ÉDITIONS FORMAT IN-12

PUBLIÉES AVEC DES NOTES EN FRANÇAIS,

(Les noms des Annotateurs sont indiqués entre parenthèses.)

Ces éditions se recommandent par 1º la correction des textes ; 2º la clarté des notes ; 3º la bonne exécution typographique ; 4º la solidité des cartonnages ; 5º la modicité des prix.

CLASSIQUES GRECS.

EN VENTE :

ARISTOPHANE : *Plutus* (Ducasau). Prix. 1 fr. 20 c.

BABRIUS : *Fables.* (Th. Fix.) 60 c.

DÉMOSTHÈNE : *Discours contre la loi de Leptine.* (Stiévenart, doyen de la Faculté des lettres de Dijon.) 90 c.
— *Discours pour Ctésiphon ou sur la Couronne.* (E. Sommer, agrégé des classes supérieures, docteur ès lettres.) 1 fr. 10 c.
— *Harangue sur les prévarications de l'ambassade.* (Stiévenart.) 1 fr. 25 c.
— *Les trois Olynthiennes.* (Materne, censeur du lycée Saint-Louis.) 45 c.
— *Les quatre Philippiques* (Materne.) Prix. 70 c.

ESCHYLE : *Le Sept contre Thèbes.* (Materne.) 1 fr.

ÉSOPE : *Fables choisies.* (E. Sommer.) Prix. 90 c.

EURIPIDE : *Électre.* (Fix.) 1 fr.
— *Hécube.* (A. Regnier.) 90 c.
— *Hippolyte.* (Th. Fix.) 1 fr.
— *Iphigénie en Aulide.* (Th. Fix et Ph. Le Bas.) 90 c.

HÉRODOTE : Livre premier, *Clio.* (Sommer.) 1 fr. 60 c.

HOMÈRE : *Odyssée.* (Sommer.) 3 fr. L'*Odyssée* se vend aussi divisée en six parties. Prix de chaque partie. 65 c.

ISOCRATE : *Archidamus.* (C. Leprévost, professeur au lycée Bonaparte.) Prix. 60 c.
— *Éloge d'Evagoras.* (Sommer.) 50 c.

LUCIEN : *Choix de dialogues des morts.* Nouvelle édition conforme au texte officiel. (Pessonneaux, professeur au lycée Napoléon.) 90 c.
— *Nigrinus.* (C. Leprévost.) 50 c.
— *Le Songe ou sa vie.* (C. Leprévost.) Prix. 50 c.

PINDARE : (Th. Fix et Sommer) :
— *Isthmiques* (les). 1 fr.
— *Néméennes* (les). 1 fr. 25 c.
— *Olympiques* (les). 1 fr. 75 c.
— *Pythiques* (les). 1 fr. 75 c.

PLATON : *Alcibiade* (le 1ᵉʳ). 70 c.
— *Alcibiade* (le 2ᵉ). 60 c.
— *Apologie de Socrate* (Talbot, professeur au lycée Charlemagne.) 65 c.
— *Criton* (Waddington-Kastus), profes.

seur agrégé de philosophie à la Faculté des lettres de Paris.) 50 c.

PLATON : *Phédon.* (Sommer.) 65 c.

PLUTARQUE : *De la lecture des poëtes.* (Ch. Aubert, professeur au lycée Louis-le-Grand.) 1 fr. 25 c.

— *De l'éducation des enfants.* (C. Bailly, inspecteur d'académie.) 75 c.

— *Vie d'Alexandre.* (V. Bétolaud, professeur au lycée Charlemagne.) 90 c.

— *Vie de César.* (Materne.) 90 c.

— *Vie de Cicéron.* (Talbot, professeur au lycée Louis-le-Grand). 90 c.

- *Vie de Démosthène.* (Sommer.) 90 c.

— *Vie de Pompée.* (Druon, proviseur du lycée de Cahors.) 1 fr.

— *Vie de Solon.* (Deltour, professeur au lycée Louis-le-Grand.) 1 fr.

PLUTARQUE : *Vie de Thémistocle.* (Sommer.) 90 c.

SOPHOCLE : *OEdipe roi.* (Delzons, professeur au lycée de Rouen.) 1 fr.

THÉOCRITE : *Idylles choisies.* (L. Renier.) 1 fr. 25 c.

THUCYDIDE : *Guerre du Péloponnèse*, livre IIe. (Sommer.) 1 fr. 60 c.

XÉNOPHON : *Anabase*, livre premier. (Moncourt, professeur à la Faculté des lettres de Clermont.) 1 fr.

— *Cyropédie.* Livre premier. (C. Huret, inspecteur d'Académie.) 65 c.

— *Cyropédie.* Livre deuxième. (Huret.) Prix. 65 c.

— *Entretiens mémorables de Socrate* (les quatre livres). (Sommer.) 2 fr. Chaque livraison séparément. 60 c.

CLASSIQUES LATINS.

EN VENTE :

CICERO : *De Amicitia dialogus* (A. Legouëz, professeur au lycée Bonaparte.) Prix. 25 c.

— *De Officiis libri tres.* (H. Marchand, professeur au lycée de Versailles.) Prix. 90 c.

— *De Oratore libri tres.* (V. Bétolaud, professeur au lycée Charlemagne.) Prix. 1 fr. 50 c.

— *De Senectute dialogus.* (V. Paret, professeur au collége Rollin). 25 c.

— *Epistolæ selectæ.* (E. Sommer, agrégé des classes supérieures, docteur ès lettres.) 50 c.

— *In Catilinam oratione quatuor.* (E. Sommer.) 40 c.

— *In Verrem oratio de Signis.* (J. Thibault, ancien élève de l'École normale supérieure.) 40 c.

— *In Verrem oratio de Suppliciis.* (O. Dupont, ancien professeur au lycée Napoléon.) 40 c.

— *Pro Archia poeta.* (A. Chansselle, professeur au lycée d'Alger.) 20 c.

— *Pro Ligario.* (Matern, censeur du lycée Sain-Louis.) 20 c.

— *Pro Marcello.* (Materne.) 20 c.

— *Pro Milone.* (E. Sommer.) 25 c.

— *Pro Murena.* (J. Thibault.) 25 c.

— *Tusculanarum quæstionum libri quinque.* (C. Jourdain, agrégé de philosophie près les Facultés des lettres. Prix. 1 fr. 25 c.

CONCIONES : (F. Colincamp, professeur à la Faculté des lettres de Douai.) Prix. 2 fr.

CORNELIUS NEPOS : *Opera quæ supersunt.* (L. Quicherat.) 80 c.

HEUZET : *Selectæ e profanis scriptoribus historiæ.* (C. Leprévost, professeur au lycée Bonaparte.) 1 fr. 50 c.

HORATIUS FLACCUS (Sommer.) 1 f. 80

JUSTINUS : *Historiæ Philippicæ.* (E. Pessonneaux, professeur au lycée Napoléon.) 1 fr. 25 c.

LHOMOND : *De Viris illustribus Romæ.* (Chaine et Pront, anciens professeurs au lycée Charlemagne.) 90 c.

OVIDIUS : *Choix des Métamorphoses.* Nouvelle édition conforme au texte officiel. (G. Lesage, directeur de l'institution Barbet-Massin.) 1 fr. 25 c.

— *Selectæ fabulæ ex libris Metamorphoseon* (G. Lesage.) 1 fr.

PHÆDRUS : *Fabularum libri quinque*, *cum fabellis novi.* Édition suivie des imitations de La Fontaine et de Florian. (E. Talbert, censeur du lycée Charlemagne.) 75 c.

QUINTUS CURTIUS RUFUS : *De rebus*

gestis *Alexandri Magni libri super-*
stites. (G. Lesage.) 1 fr. 50 c.
SALLUSTIUS : *Catilina et Jugurtha.*
(Croiset, professeur au lycée Saint-
Louis.) 90 c.
TERENTIUS : *Adelphi.* (V. Bétolaud,
prof. au lycée Charlemagne.) 75 c.
TITUS LIVIUS : *Narrationes selectæ*

et res memorabiles. (E. Sommer)
agrégé des classes supérieures, docteur ès lettres.) 1 fr. 25 c.

VIRGILIUS MARO : *Opera.* (E. Sommer.) 2 fr.

— *Les Bucoliques et les Géorgiques.*
séparément.) 75 c.

CLASSIQUES FRANÇAIS.

EN VENTE :

BOILEAU : *OEuvres poétiques.* (E. Geruzez, agrégé de la Faculté des lettres
de Paris.) 1 fr. 25 c.

BOSSUET : *Discours sur l'histoire uni-
verselle.* (Olleris, doyen de la Faculté
des lettres de Clermont.) 2 fr.

— *Oraisons funèbres.* (C. Aubert, professeur au lycée Louis-le-Grand.)
Prix. 1 fr. 50 c.

CORNEILLE : *Théâtre choisi.* (E. Geruzez.) 2 fr. 50 c.

FÉNELON : *Dialogues des morts.* (B.
Jullien, docteur ès lettres, licencié
sciences.) 1 fr. 50 c.

— *Dialogues sur l'éloquence.* (Delzons,
professeur au lycée de Rouen.) 75 c.

— *Opuscules académiques* contenant le
discours de réception à l'Académie
française, le mémoire sur les occu-
pations de l'Académie et la lettre à
l'Académie sur l'Éloquence, la Poésie,
l'Histoire. (Delzons.) 75 c.

— *Les Aventures de Télémaque,* suivies
des *Aventures d'Aristonoüs,* contenant les passages des auteurs grecs,
latins et français, imités dans le *Télémaque,* des notes géographiques, et
une notice sur Fénelon. (A. Chassang,
docteur ès lettres.) 1 fr. 25 c.

LA FONTAINE : *Fables,* précédées
d'une notice biographique et littéraire
et suivies de Philémon et Baucis.
(E. Geruzez, agrégé de la Faculté des
lettres de Paris.) 1fr. 50 c.

MASSILLON : *Petit Carême.* (F. Colincamp, professeur à la Faculté des lettres de Douai.) 1 fr. 50 c.

MONTESQUIEU : *Considérations sur
les causes de la grandeur des Romains et de leur décadence.* (C. Aubert, professeur au lycée Louis-le-
Grand.) 1 fr. 25 c.

RACINE : *Théâtre choisi.* (E. Geruzez.)
Prix. 2 fr. 50 c.

ROUSSEAU (J. B.) : *OEuvres lyriques,*
suivies des plus belles odes des Lyriques français, et d'un recueil d'épi-
grammes. (E. Geruzez.) 1 fr. 50 c.

VOLTAIRE : *Histoire de Charles XII,*
(Brochard-Dauteuille, ancien élève
de l'École normale supérieure, agrégé
d'histoire.) 1 fr. 50 c.

— *Siècle de Louis XIV.* (Garnier, agrégé
d'histoire.) 2 fr. 50 c.

—*Théâtre choisi.* (E. Geruzez.) 2 fr. 50 c.

DICTIONNAIRES CLASSIQUES.

LANGUE LATINE.

DICTIONNAIRE FRANÇAIS-LATIN, composé sur le plan du *Dictionnaire latin-français* et tiré des auteurs classiques latins pour la langue commune, les auteurs spéciaux pour la langue technique, des Pères de l'Église pour la langue sacrée et du Glossaire de Du Cange pour la langue du moyen âge, par M. L. QUICHERAT, agrégé de l'Université. 1 vol. grand in-8. Prix, cartonné en toile. 9 fr.

LEXIQUE FRANÇAIS-LATIN, à l'usage des commençants, extrait du *Dictionnaire français-latin* de M. L. QUICHERAT, et augmenté de toutes les formes de mots irréguliers ou difficiles; par M. SOMMER. 1 vol. in-8. Pr., cart. 3 fr. 50 c.

DICTIONNAIRE LATIN-FRANÇAIS, contenant plus de 1500 mots qu'on ne trouve dans aucun lexique publié jusqu'à ce jour, par MM. L. QUICHERAT, agrégé de l'Université, et A. DAVELUY, ancien professeur de rhétorique au lycée Napoléon, suivi d'un *Vocabulaire latin-français des noms propres de la langue latine*, par M. L. QUICHERAT. Ouvrage autorisé par le Conseil de l'instruction publique. 1 volume grand in-8. Prix, cartonné. 9 fr.
Le même ouvrage, sans le *Vocabulaire*, cartonné. 8 fr.

LEXIQUE LATIN-FRANÇAIS, à l'usage des commençants, extrait du Dictionnaire latin-français de MM. QUICHERAT et DAVELUY, et augmenté de toutes les formes de mots irréguliers ou difficiles; par M. SOMMER, agrégé des classes supérieures, docteur ès lettres. 1 volume in-8. Prix, cartonné. 3 fr. 50 c.

THESAURUS POETICUS LINGUÆ LATINÆ, ou Dictionnaire prosodique et poétique de la langue latine, par M. L. QUICHERAT. Ouvrage autorisé par le Conseil de l'instruction publique. 1 volume grand in-8. Prix, cartonné. 8 fr.

LANGUE GRECQUE.

DICTIONNAIRE GREC-FRANÇAIS, par M. C. ALEXANDRE, inspecteur général de l'instruction publique. 11e *édition, entièrement refondue par l'auteur et considérablement augmentée.* Ouvrage autorisé par le Conseil de l'instruction publique. 1 très-fort volume grand in-8. Prix, cartonné. 15 fr.

LEXIQUE GREC-FRANÇAIS, à l'usage des commençants, ou *abrégé du Dictionnaire grec-français*, contenant tous les mots indistinctement et toutes les formes difficiles de la Bible, de l'Iliade et des auteurs qu'on explique dans les classes inférieures; par le même auteur. Ouvrage autorisé par le Conseil de l'instruction publique. 1 volume de 750 pages. Prix, cartonné. 7 fr. 50 c.

DICTIONNAIRE FRANÇAIS-GREC, par MM. ALEXANDRE, inspecteur général de l'instruction publique; PLANCHE, professeur émérite de rhétorique, et DEFAUCONPRET, directeur du collége Rollin. Nouvelle édition, refondue et augmentée. Ouvrage autorisé par le Conseil de l'instruction publique. 1 volume grand in-8. Prix, cartonné. 15 fr.

LEXIQUE FRANÇAIS-GREC, à l'usage des classes élémentaires, rédigé sur le plan du *Lexique français-latin*, extrait du grand dictionnaire de M. Quicherat, par M. Fréd. DUBNER. 1 vol. in-8, cart. 6 fr.

DICTIONNAIRE (NOUVEAU) FRANÇAIS-GREC, par M. OZANEAUX, inspecteur général de l'instruction publique; avec la collaboration de MM. ROGER et EBLING, 1 volume in-8. Prix, cartonné. 15 fr.

LANGUE ALLEMANDE.

DICTIONNAIRE CLASSIQUE ALLEMAND-FRANÇAIS ET FRANÇAIS-ALLEMAND, par W. DE SUCKAU. Ouvrage autorisé par le Conseil de l'instruction publique et adopté par le collége militaire de la Flèche et l'École de Saint-Cyr. 2 volumes petit in-8. Prix, brochés. 10 fr.
Les deux volumes cartonnés en un. 11 fr.

Paris. — Typographie de Ch. Lahure et Cie, rue de Fleurus, 9.

LIBRAIRIE DE L. HACHETTE ET Cie.

TRADUCTIONS JUXTALINÉAIRES

DES

PRINCIPAUX AUTEURS CLASSIQUES LATINS.

FORMAT IN-12.

→→→♠♥♦♣←←←

*Cette collection comprendra les principaux auteurs
qu'on explique dans les classes.*

EN VENTE :

CÉSAR : Guerre des Gaules. 2 vol. 9 fr.
  Livres I, II, III et IV réunis.. 4 fr.
  Livres V, VI et VII réunis.... 5 fr.
CICÉRON : Catilinaires (les)... 2 fr.
  La 1re Catilinaire séparément. 50 c.
— Dialogue sur l'Amitié.. 1 fr. 25 c.
— Dialogue sur la Vieillesse. 1 fr. 25 c.
— Discours pour la loi Manilia. 1 fr. 50
— Discours pour Ligarius...... 75 c.
— Discours pour Marcellus.... 75 c.
— Discours contre Verrès sur les Statues..................... 3 fr.
— Discours contre Verrès sur les Supplices .... 3 fr.
— Plaidoyer pour Archias..... 90 c.
— Plaidoyer pour Milon... 1 fr. 50 c.
— Plaidoyer pour Muréna.. 2 fr. 50 c.
— Songe de Scipion.......... 50 c.
CORNELIUS NEPOS : Les Vies des grands capitaines .... 5 fr.
HEUZET : Histoires choisies des écrivains profanes. 2 vol........ »
HORACE : Art poétique.. .... 75 c.
— Épîtres. .... 2 fr.
— Odes et Épodes. 2 vol.. 4 fr. 50 c.
  On vend séparément :
  Le 1er et le IIe livre des Odes..... 2 fr.
  Le IIIe et le IVe livre des Odes et les Épodes................. 2 fr. 50 c.

HORACE : Satires........... 2 fr.
LHOMOND : Epitome historiæ sacræ.
  Prix..................... 3 fr.
— De viris illustribus urbis Romæ.
  (Sous presse.)
PHÈDRE : Fables............ 2 fr.
SALLUSTE : Catilina.... 1 fr. 50 c.
— Jugurtha.............. 3 fr. 50 c.
TACITE : Annales. 4 volumes. 18 fr.
  Livres I, II et III réunis...... 6 fr.
  Le 1er livre séparément 2 fr. 50 c.
  Livres IV, V et VI réunis..... 4 fr.
  Livres XI, XII et XIII réunis.. 4 fr.
  Livres XIV, XV et XVI réunis 4 fr.
— Germanie (la)............ 1 fr.
— Vie d'Agricola........ 1 fr. 75 c.
TÉRENCE : Adelphes........ 2 fr.
— Andrienne........... 2 fr. 50 c.
VIRGILE : Églogues......... 1 fr.
  La 1re Églogue, séparément.. 30 c.
— Énéide. 4 volumes........ 16 fr.
  Livres I, II et III réunis...... 4 fr.
  Livres IV, V et VI réunis..... 4 fr.
  Livres VII, VIII et IX réunis.. 4 fr.
  Livres X, XI et XII réunis.... 4 fr.
  Chaque livre séparément... 60 c.
— Géorgiques (les quatre livres) 2 fr.
  Chaque livre séparément... 60 c.

━━━◆━━━

À la même Librairie :

TRADUCTIONS JUXTALINÉAIRES

DES PRINCIPAUX AUTEURS GRECS,

à l'usage

des classes et des aspirants au baccalauréat ès lettres.

Paris. — Imprimerie de Ch. Lahure et Cie, rues de Fleurus, 9, et de l'Ouest, 21.